Open Innovation und Crowdsourcing

Praxisorientierte Personal- und Organisationsforschung

herausgegeben von Prof. Dr. Reiner Bröckermann

Band 20

Justus Leopold

Open Innovation und Crowdsourcing

Neue Perspektiven des Innovationsmanagements

Rainer Hampp Verlag München und Mering 2015

Bibliografische Information der Deutschen Nationalbibliothek

Die Deutsche Nationalbibliothek verzeichnet diese Publikation in der Deutschen Nationalbibliografie; detaillierte bibliografische Daten sind im Internet über http://dnb.d-nb.de abrufbar.

ISBN 978-3-95710-031-3 (print)
ISBN 978-3-95710-131-0 (e-book)
Praxisorientierte Personal- und Organisationsforschung: ISSN 1611-6089
ISBN-A/DOI 10.978.395710/1310
1. Auflage, 2015

Rainer Hampp Verlag München und Mering
Marktplatz 5 D – 86415 Mering

www.Hampp-Verlag.de

∞ *Dieses Buch ist auf säurefreiem und chlorfrei gebleichtem Papier gedruckt.*

Liebe Leserinnen und Leser!
Wir wollen Ihnen ein gutes Buch liefern. Wenn Sie aus irgendwelchen Gründen nicht zufrieden sind, wenden Sie sich bitte an uns.

Inhaltsverzeichnis

Abkürzungsverzeichnis

B2B	Business-to-Business
B2C	Business-to-Customer
BITKOM	Bundesverband Informationswirtschaft, Telekommunikation und neue Medien
bzw.	beziehungsweise
CAP	Customer Active Paradigm
eRFP	Electronic Request for Partner
f.	(die) folgende Seite
ff.	(die) fortfolgenden Seiten
F&E	Forschung und Entwicklung
i.d.R.	in der Regel
IT	Informationstechnologie
ITU	International Telecommunication Union
IW	Institut der deutschen Wirtschaft
MAP	Manufacturer Active Paradigm
NIH	Not-invented-here
OI	Open Innovation
OP	Operationssaal
OSRI	Oil Spill Over Recovery Institute
PwC	PrivatewaterhouseCoopers
usw.	und so weiter
z.B.	zum Beispiel

Abbildungsverzeichnis

1 Einleitung

Die heutige Wirtschaftswelt ist geprägt von globalisierten Märkten und Wirtschaftsprozessen, immer kürzer werdenden Innovations- und Produktlebenszyklen, wachsender Produktheterogenität, einer zunehmenden Digitalisierung der Unternehmenswelt sowie steigendem Wettbewerbsdruck. Diese zunehmende Komplexität und Dynamik der Umwelt erhöht folglich den Innovationsdruck und zwingt Unternehmen dazu ihre Geschäftsprozesse entlang der Wertschöpfungskette effizient zu gestalten. Bei der innovativen Wertschöpfung spielt der Unternehmensbereich des Innovationsmanagements eine tragende Rolle und wird als ein unumstrittener Kernfaktor und Schlüssel des Unternehmenserfolges betrachtet (vgl. Stern/Jaberg 2010, S. 7). Innovationen sind ein bedeutender Faktor zur Sicherung und zum Ausbau der Marktposition und folglich unerlässlich für die Wettbewerbsfähigkeit eines Unternehmens (vgl. Enkel 2009, S. 178). Bereits 1934 bezeichnete der bekannte Sozialökonom Josef Schumpeter in seiner Theorie der wirtschaftlichen Entwicklung Innovationen als Treiber für Wachstum und wirtschaftlichen Erfolg (vgl. Reichwald/Piller 2006, S. 97). Dementsprechend werden Unternehmen mit geringem Innovationsoutput erfolgreich innovierenden Unternehmen im Wettbewerb nicht standhalten können. Eine aktuelle Studie der Wirtschaftsprüfungs- und Beratungsgesellschaft PwC aus dem Jahre 2013 bestätigt die Zustimmung von Unternehmen hinsichtlich der Bedeutung von Innovationen insofern, als 83% von 213 befragten Unternehmen aus 25 Ländern Innovation als unverzichtbar ansehen, um im globalen Wettbewerb bestehen zu können (vgl. PwC 2013, S. 5).

1.1 Problemstellung

Trotz der hohen Relevanz von Innovationen für den Unternehmenserfolg besteht in der Praxis oftmals ein Innovationsdefizit. Nach den Untersuchungen von Stern/Jaberg verfügt nur jedes vierte bis fünfte Unternehmen über ein funktionierendes Innovationsmanagement (vgl. Stern/Jaberg 2010, S. 7). Studienergebnisse aus dem Jahr 2008 belegen, dass 87% der befragten mittelständischen und großen Unternehmen Innovationskraft als wichtigsten Wertetreiber beurteilen, jedoch nur 59% darauf bereits angemessen reagiert haben (vgl. Wamser/Deimel/Heinrich 2008, S. 12). 86% der Unternehmen verfügen zwar über eine Innovationsstrategie, nur 41% setzen diese jedoch konsequent um (vgl. Handelszeitung 2008). In Folge dieser Umstände scheitern Innovationen von Unternehmen oftmals am Markt. Die Misserfolgsquote innovativer Produkte ist sehr hoch. Nach Enkel schwankt sie zwischen 35 und 60% auf den Konsumgütermärkten und zwischen 25 und 40% auf den Industriegütermärkten (vgl. Enkel 2009, S. 178). Kuester stellt für die deutsche Konsumgüterbranche fest, dass 70% aller neu eingeführten Produkte nach zwölf Monaten nicht mehr auf dem Markt sind (vgl. Reichwald/ Piller 2009a, S. 128).

Zieht man nun weitere Studienergebnisse zur Innovationsforschung aus den gleichen Jahren hinzu, so ist zu erkennen, dass die Zusammenarbeit und Kommunikation mit externen Akteuren vielseitiger Art von großer Bedeutung bei der Innovationsentwicklung ist. Somit sind Unternehmen mit technologieorientierten externen Beziehungen innovativer als Unternehmen ohne diese Beziehungen (vgl. Enkel 2009, S. 178). Innovativere Unternehmen generieren mehr Umsatz, können schneller wachsen, in neue Innovationsvorhaben investieren und sind folglich nachhaltig erfolgreicher (vgl. PwC 2013, S. 1). Wirtschaftlicher Erfolg basiert somit auf Innovationen und umgekehrt (vgl. Stern/Jaberg 2010, S. 27). Untersuchungen der technologischen und ökonomischen Innovativität von 848 Unternehmen zeigten, dass der grundlegende Unterschied zwischen den erfolgreichen und weniger erfolgreichen Unternehmen die Aspekte F&E-Kooperationen, Universitätskontakte und regelmäßiger Informationsaustausch mit Kunden waren (vgl. Herden 1992 in Enkel 2009, S. 178f.). Nach der Studie „Offen für die Zukunft – Offen in die Zukunft“ anlässlich des nationalen IT Gipfels aus dem Jahre 2010 schätzen „82 Prozent der ansässigen Experten offene Innovations- und Informationsstrukturen für die wirtschaftliche Entwicklung Deutschlands als sehr oder äußerst wichtig ein“ (Münchener Kreis et al. 2010, S. 78).

Als Folge verändert sich der Umgang von Unternehmen mit dem Thema Innovation. Die zunehmende Bedeutung des Internets als Treiber des Strukturwandels in Wirtschaft und Privatleben (vgl. IW 2013, S. 3) und die rasante Entwicklung des technischen Fortschritts mit immer neuen Technologien beschleunigen diesen Prozess zunehmend (vgl. PwC 2013, S. 7). Eine weitere Studie namens „Managing Open Innovation in Large Firms“ des Fraunhofer-Instituts zeigt auf, dass 78% der befragten Unternehmen bereits Praktiken von Open Innovation (siehe Abschnitt 2.3) nutzen und keines der Unternehmen den Ansatz bisher als Teil seiner Innovationsstrategie verworfen hat (vgl. Chesbrough/Brunswicker 2013, S. 2). Ein Indiz für den erfolgreichen Einsatz von Open Innovation stellt folgendes Ergebnis der Studie dar. 82% der großen Unternehmen praktizieren Open Innovation, im Vergleich zum Stand vor drei Jahren, intensiver (vgl. Chesbrough/Brunswicker 2013, S. 2). Trotz des vermehrten Einsatzes von Open Innovation sprechen die Herausgeber Chesbrough/Brunswicker von weiteren Verbesserungspotenzialen:

> „While firms are somewhat satisfied overall with their open innovation experience (and their satisfaction increases with more experience), there is plenty of room for improvement“ (Chesbrough/Brunswicker 2013, S. 2).

Insbesondere im Bereich des Einsatzes von internetbasierten Methoden tun sich widersprüchliche Studienergebnisse auf. Zum einen nennen die Unternehmen den Einsatz von Customer Crowd Creation (siehe Abschnitt 2.4) als eine der bedeutendsten Methoden im Bereich ihrer Open-Innovation-Strategie. Zum anderen bewerten sie die

Wichtigkeit der Zusammenarbeit mit Dienstleistern und Internet-Communitys im Bereich von Open Innovation und Crowdsourcing als gering. Unter Berücksichtigung der obigen Studienergebnisse, die auf Schwächen im Innovationsmanagement, Optimierungspotenziale beim Einsatz von Open-Innovation-Methoden und das Scheitern von Innovationen hinweisen, lässt sich eindeutig ein Handlungsbedarf ableiten. Dieses Buch soll klären, inwieweit die Methoden des Open Innovation, im Speziellen internetbasierte Formen wie das Crowdsourcing, diesen Handlungsbedarf möglicherweise decken, die Schwächen im Innovationsmanagement reduzieren und die Quote scheiternder Innovationen am Markt zu reduzieren vermögen. Die zu beantwortende Fragestellung dieses Buches ist somit folgende:

Wie können Unternehmen ihre Innovationsprozesse durch den Einsatz von Open Innovation und Crowdsourcing optimieren, das Eintreten möglicher Risiken vermeiden und welche Methoden können dabei als Erfolgsfaktoren herausgestellt werden?

1.2 Gang des Buches

Dieses Buch soll einen Überblick darüber geben, welche Möglichkeiten der Open-Innovation-Ansatz zur Optimierung des Innovationsmanagements bietet. Der Open-Innovation-Ansatz gilt als umfangreich und beinhaltet je nach Auslegung eine Vielzahl an Instrumenten und Methoden zur Ergänzung und Optimierung des klassischen Innovationsmanagements. Im Grunde genommen gilt die Integration von externen Akteuren in den Innovationsprozess nicht als Neuentdeckung, die auf das Open-Innovation-Paradigma zurückzuführen ist. Beispielsweise können hier die Zusammenarbeit von Unternehmen mit externen Partnern im Bereich des Outsourcings oder die Kooperation mit Lieferanten zur strategischen Optimierung der Logistik als etablierte Praktiken genannt werden. Da diese Arten der Zusammenarbeit nichts Neues darstellen, wird auf klassische Formen wie F&E-Kooperationen und Netzwerke mit branchengleichen Unternehmen, Beratern und Lieferanten im Sinne des Business-to-Business-(B2B)Bereichs in diesem Buch nicht im Detail eingegangen. Vielmehr stehen neue internetbasierte Formen, insbesondere das Crowdsourcing und seine Ausprägungen im Sinne einer Interaktionsbeziehung zwischen Unternehmen und Privatpersonen im Vordergrund, die ursprünglich nur bei der Kundenorientierung und -integration des Business-to-Customer-(B2C-)Bereichs praktiziert wurden.

Da die bisher angewandten Formen im Bereich der F&E-Kooperationen und die klassischen Instrumente der traditionellen Marktforschung den Erfolg von Unternehmen hinsichtlich der Innovativität anscheinend nur unzureichend verbessert haben und Studienergebnisse auf weitere Optimierungspotenziale hinweisen, ist ein Blick auf die neuen Methoden und Akteure im Rahmen des Open-Innovation-Ansatzes zu werfen. Folglich stehen die Integration von bis dato unbeteiligten externen Akteuren in den

Innovationsprozess mittels Open-Innovation-Methoden sowie der internetbasierte Einsatz von Crowdsourcing und seinen Ausprägungen im Vordergrund der Betrachtung. Zwei detaillierte Fallstudienanalysen zu zwei erfolgreichen Internetplattformen sollen Aufschluss über mögliche Methoden und Erfolgsfaktoren geben, die über das Potenzial zur Reduzierung oder Eliminierung zuvor identifizierter Schwächen des Innovationsmanagements verfügen und aufschlussreiche Ergebnisse hinsichtlich der Fragestellung dieses Buches geben.

1.3 Aufbau des Buches

Zu Beginn wird im zweiten Kapitel der Begriff der Innovation definiert. Des Weiteren wird innerhalb des Kapitels die theoretische Denkweise des Open-Innovation-Ansatzes erläutert. Zudem werden die verschiedenen Ausprägungen von Crowdsourcing definiert und voneinander abgegrenzt.

Im dritten Kapitel wird der klassische Innovationsprozess vorgestellt. Im Laufe des Kapitels werden die verschiedenen Formen von Phasenmodellen hinsichtlich ihrer unterschiedlichen Darstellungsformen untersucht und es wird ein Phasenmodell für den Bezugsrahmen des Buches abgeleitet. Dabei wird die Bedeutung der frühen Phasen des Innovationsprozesses erörtert. Die Beschreibung des klassischen Innovationsprozesses stellt die Grundlage für die Ermittlung des Optimierungspotenzials durch Open Innovation und Crowdsourcing dar. Denn erst wenn der klassische Innovationsprozesses in seiner üblichen Vorgehensweise betrachtet wurde, können die Unterschiede und Neuerungen durch die Ergänzung von Open Innovation gegenüber dem klassischen Prozess erkannt und folglich die Optimierungs-, Einsparungs- und Synergieeffekte aufgezeigt werden. Des Weiteren werden im dritten Kapitel die Schwächen und Optimierungspotenziale des klassischen Innovationsmanagements herausgestellt, die den Zweck des Einsatzes von Open Innovation und Crowdsourcing rechtfertigen und die Basis für den weiteren Verlauf des Buches bilden werden. Der Fokus liegt hierbei auf der Identifikation der methodischen Schwächen im Innovationsmanagement.

Im vierten Kapitel wird der Paradigmenverlauf von der Kundenorientierung über die Kundenintegration zu den Ansätzen von Open Innovation und Crowdsourcing beschrieben. Dabei werden verschiedene Methoden erläutert, die in den einzelnen Phasen des Innovationsprozesses in unterschiedlicher Intensität zum Einsatz kommen. Um die vielseitigen Einsatzbereiche von Open Innovation und Crowsourcing in der Praxis aufzuzeigen, werden im darauffolgenden Kapitel Praxisbeispiele aus verschiedenen Branchen zusammengetragen. Um den Unterschied des Open-Innovation-Ansatzes zu herkömmlichen Methoden zu vermitteln, wird im nächsten Abschnitt die Integration von externen Akteuren anhand der ausgewählten Praxisbeispiele von der Porsche, Kärcher und der Volkswagen erläutert. Im Anschluss wird der Nutzen beim Einsatz von Open Innovation und Crowdsourcing möglichen Risiken gegenübergestellt.

Da das Internet eine tragende Rolle beim Einsatz und bei der Entwicklung von Open Innovation und Crowdsourcing spielt, wird seine gegenwärtige Bedeutung für den B2C- und B2B-Bereich in Kapitel sechs herausgestellt. Internetplattformen sind die typischen Anwendungsbereiche für die internetbasierten Ausprägungen des Crowdsourcings als Open-Innovation-Methode. Im weiteren Verlauf des Kapitels wird zunächst der Ablauf des idealtypischen Crowdsourcing-Prozesses erläutert. Dann werden ausgewählte Praxisbeispiele von Internetplattformen hinsichtlich ihres Einsatzes der unterschiedlichen Ausprägungen von Crowdsourcing analysiert.

Im siebten Kapitel erfolgt eine detaillierte Fallstudienanalyse der Internetplattformen „Innocentive“ und „Threadless“, die die Grundprinzipien von Open Innovation und Crowdsourcing in ihren Geschäftsmodellen anwenden und als Vorreiter ihrer Bereiche gelten. Im Laufe dieses Kapitels wird das Ziel verfolgt mögliche Methoden, Praktiken und Einflussfaktoren der Fallstudien zu ermitteln, die den Erfolg der Geschäftsmodelle ausmachen.

Das abschließende achte Kapitel fasst die Ergebnisse zusammen, indem der Nutzen der behandelten Methoden und Praktiken der neuen Ansätze unter Abwägung möglicher Risiken bewertet wird. Das Buch schließt mit einem Ausblick des Autors ab.

2 Begriffsdefinition und -abgrenzungen

2.1 Der Innovationsbegriff

In der Literatur existiert keine einheitliche und allgemeingültige Definition für den Begriff der Innovation. Dies bestätigen unter anderem Nestle (2011, S. 53), Stern/Jaberg (2010, S. 7), Trantow/Hees/Jeschke (2011, S. 4), Heesen (2009, S. 14) und Hauschildt/ Salomo (2011, S. 6f.). Ursprünglich geht der Terminus Innovation auf das lateinische Wort „innovatio“ (Neuerung, Veränderung) zurück (Duden online, Stichwort: Innovation) und beschreibt etwas „Neuartiges“ (Hauschildt/Salomo 2011, S. 3). Die Mehrheit der Autoren orientiert sich zunächst an der Definition des Nationalökonomen Joseph Schumpeter, dessen Arbeiten den Begriff deutlich geprägt haben. Schumpeter legte in seiner Auffassung von Innovation fest, dass neue Ideen, Produkte oder technische Erfindungen allein keine Innovation ausmachen (vgl. Trantow/Hees/Jeschke 2011, S. 4). Er definiert Innovation als Prozess der Umsetzung einer Erfindung in eine Marktanwendung und hebt den Aspekt des wirtschaftlichen Erfolges als ein notwendiges Kriterium hervor, um überhaupt von einer Innovation sprechen zu können (vgl. Stern/Jaberg 2010, S. 7). Mit einer Innovation muss folglich ein monetärer Nutzen verbunden sein (vgl. Stern/Jaberg 2010, S. 8) oder ein geeigneter Anwendungskontext bestehen (vgl. Möslein 2009, S. 5). Ein monetärer Nutzen kann sich beispielsweise durch eine Gewinnmaximierung, die Erschließung von Marktanteilen oder eine Kostenersparnis äußern. Ein geeigneter Anwendungskontext kann die Transferierung einer

Idee in eine Lösung eines bisher ungelösten Problems sein. Somit können Innovationen neben der Einführung neuer Produkte am Markt oder der Implementierung eines neuen Prozesses (vgl. Möslein 2009, S. 5) „die Durchsetzung neuer technischer, wirtschaftlicher, organisatorischer oder sozialer Problemlösungen im Unternehmen“ darstellen (Sabisch/Tintelnot 1997, S. 45).

2.2 Abgrenzungen des Begriffes Innovation

Die klassische Differenzierung für Innovationen geht von einer Dreiteilung in Produkt-, Verfahrens- und Sozialinnovationen aus (vgl. Corsten/Gössinger/Schneider 2006, S. 14). Produktinnovationen generieren durch ihre Entwicklung und Kommerzialisierung größere Gewinnspannen, neue Marktanteile und letztendlich neue Arbeitsplätze (vgl. Stern/Jaberg 2010, S. 8). Verfahrensinnovation können Prozess- oder Organisationsinnovationen sein und zielen im Rahmen der Leistungserstellung auf eine Optimierung der Kosten, Qualität, Zeit und Flexibilität innerhalb des Unternehmens ab (vgl. Stern/Jaberg 2010, S. 8). Dabei dienen sie der Erneuerung von Abläufen, Methoden, Produktionsverfahren oder Organisationsstrukturen (vgl. Möslein 2009, S. 8) mit dem Ziel der Effizienzsteigerung (vgl. Hauschildt/Salomo 2011, S. 5). Schumpeter ist der Auffassung, dass Innovationen von der Herstellung eines neuen Produktes oder einer neuen Qualität eines Produktes, der Einführung einer neuen Produktionsmethode über die Erschließung eines neuen Marktes oder die Eroberung einer neuen Bezugsquelle von Rohstoffen bis zur Durchführung von Neuorganisationen reichen (vgl. Heesen 2009, S. 14). Sozialinnovationen beziehen sich hingegen auf Veränderungen im Humanbereich und menschliche Verhaltensmuster (vgl. Corsten/Gössinger/Schneider 2006, S. 13) und dienen sinngemäß primär der Steigerung der sozialen Nachhaltigkeit als des wirtschaftlichen Erfolges (vgl. Trantow/Hees/Jeschke 2011, S. 4). Folglich kann sich der Begriff der Innovation neben Produkten, Prozessen, Organisationen und Dienstleistungen auch auf soziale und kulturelle Aspekte beziehen (vgl. Stern/Jaberg 2010, S. 8).

Zusätzlich zur Dreiteilung von Innovationen in Produkt-, Verfahrens- und Sozialinnovationen erfolgt eine Klassifizierung von Innovationen im Hinblick auf ihren Neuigkeitsgrad in inkrementelle und radikale Innovationen (vgl. Ili 2010a, S. 23). Von radikalen Innovationen wird gesprochen, wenn völlig neue Produkte oder Technologien vorherige verdrängen und dadurch beispielsweise neue Marktsegmente erschlossen werden können (vgl. Reichwald/Piller 2009a, S. 122). Radikale Innovationen sind von einem sehr hohen Neuigkeitsgrad geprägt (vgl. Billing 2003, S. 2). Die Ablösung des Walkmans durch den CD-Player (vgl. Reichwald/Piller 2009a, S. 122), dann letztendlich durch den MP3-Player und durch Smartphones als Musikabspielgeräte kann als radikale Innovation bezeichnet werden. Inkrementelle Innovationen sind hingegen eher eine kontinuierliche Verbesserung oder Weiterentwicklung eines bestehenden Produktes oder einer Technologie auf einem bestehenden Markt (vgl. Reichwald/Piller 2009a, S. 122). Hier kann man das Antiblockiersystem als Beispiel der Automobilindustrie heranziehen, das stetig verbessert, jedoch nicht von einer anderen Technologie abgelöst wird (vgl. Debus 2002, S. 92).

2.3 Open Innovation

In seiner Forschungsarbeit „Open Innovation: The New Imperative for Creating and Profiting from Technology“ (2003) an der Harvard Business School prägt Henry Chesbrough den Begriff „Open Innovation“ (OI) und beschreibt damit ein Innovationsparadigma von einem geschlossenen zu einem offenen Innovationsmodell.

> „The Open Innovation paradigm can be understood as the antithesis of the traditional vertical integration model where internal research and development (R&D) activities lead to internally developed products that are then distributed by the firm“ (Chesbrough 2006a, S. 1).

Chesbrough (2006a, S. 2) kritisiert am klassischen Innovationprozess (Closed Innovation), dass Unternehmen nur Ideen nutzen, die ihre eigenen F&E-Abteilungen hervorbringen. Hingegen ist seine Vorstellung vom Open-Innovation-Modell, dass Innovationsprojekte sowohl durch interne, die eigene F&E-Abteilung, als auch durch unterschiedliche externe Ideenquellen initiiert werden sollten. Die erfolgreiche Umsetzung erfordert demnach eine Transformation der geschlossenen Grenzen zwischen Unternehmen und seiner Umwelt zu einer semipermeablen Membran (vgl. Herzog 2011, S. 21), damit mehr Ideen von außerhalb in das Unternehmen einfließen (Outside-in-Prozess) und gleichzeitig aber auch aus dem Unternehmen ausströmen können (Inside-out-Prozess) (vgl. Ili/Albers 2010, S. 45). Das klassische Innovationsmanagement erhält folglich eine Ergänzung durch Open-Innovation-Methoden, die eine Vielzahl externer Akteure partiell in den Innovationsprozess integrieren. Im Outside-in-Prozess fließt relevantes Wissen von externen Akteuren wie Kunden, Lieferanten, Unternehmen der gleichen und fremden Branche, Wettbewerbern, Universitäten und Forschungseinrichtungen in das Unternehmen ein (vgl. Faber 2008, S. 36). Hingegen zeichnet sich der Inside-out-Prozess durch die externe Kommerzialisierung von internem Wissen und Technologien aus. Dies kann durch das Gründen von Spin-offs und Start-ups in Bereichen, die noch nicht zur Unternehmensstrategie gehören, sowie durch ein aktives Patentmanagement mit Auslizenzierung von Technologien, die intern nicht schnell genug kommerzialisiert werden können, realisiert werden (vgl. Enkel 2009, S. 182).

2.4 Crowdsourcing

Der Crowdsourcing-Begriff wurde ursprünglich von Jeff Howe im Jahre 2006 in dem Artikel „The Rise of Crowdsourcing“ des Wired Magazins ins Leben gerufen (Howe 2006) und wird von Howe wie folgt definiert:

> „Crowdsourcing is the act of taking a job traditionally performed by a designated agent (usually an employee) and outsourcing it to an undefined, generally large group of people in the form of an open call“ (Howe online).

Crowdsourcing ist ein Teil des Open-Innovation-Paradigmas, bei dem der Innovationsprozess im Sinne des Outside-in-Ansatzes nach außen geöffnet wird (vgl. Gassmann 2009, S. 5). Der Begriff wird von „Outsourcing“ und „Crowd“ abgeleitet (vgl. Helfrich 2009, S. 371) und beschreibt als Teil der Open-Innovation-Denkweise den Prozess der Auslagerung (Outsourcen) einer Aufgabe an eine undefinierte Masse an Menschen (vgl. Pirker et al. 2010, S. 315). Zur effizienten Lösung der Aufgabe wird das zentrale Merkmal der Crowd, die kollektive Intelligenz (Collective Intelligence), genutzt (vgl. Sloane 2011, S. 18). Im Gegensatz zum Outsourcing, bei dem eine Aufgabe an ein Drittunternehmen, eine Institution oder einen Akteur ausgelagert wird, ist der Adressat beim Crowdsourcing die Crowd, eine undefinierte Masse an Menschen, welche über das Internet eingebunden wird (vgl. Leimeister/Zogaj 2013, S. 17). Individuen der Crowd übernehmen folglich im Rahmen von Projekten Aufgaben über ihre persönlichen Endgeräte (Computer, Tablets, Smartphones), die normalerweise von Mitarbeitern des Unternehmens erfüllt werden (vgl. Leimeister/Zogaj 2013, S. 9). Crowdsourcing wird in den unterschiedlichsten Aktivitäten innerhalb des Wertschöpfungsprozesses angewandt. Die Einsatzbereiche werden von Leimeister/Zogaj (2013, S. 11) anhand der Porter'schen Wertschöpfungskette veranschaulicht, wonach Crowdsourcing für die Bereiche Produktion, Marketing und Vertrieb, Finanzwesen und Forschung und Entwicklung (F&E) benutzt wird. Die Zusammenarbeit zwischen der „Crowd“ und dem Unternehmen erfolgt meist über eine Internetplattform, die entweder vom Unternehmen selbst oder von einem Dienstleister bereitgestellt wird.

Im Verständnis dieses Buches wird Crowdsourcing in vier praktische Ausprägungen unterteilt: „Crowd Creation“, „Crowdvoting“, „Crowdfunding“ und „Microworking“

(1) Crowd Creation bedeutet die gemeinsame Entwicklung einer Leistung durch eine Gruppe von Menschen. Es umfasst die gemeinsame Erstellung und Entwicklung von Problemlösungen, Ideen, Designs und Konzepten innerhalb der Crowd (vgl. Leimeister/Zogaj 2013, S. 5). Die von der Crowd im Rahmen von Crowd Creation erstellten Leistungen und Beiträge können als „User Generated Content“ bezeichnet werden (vgl. Leimeister/Zogaj 2013, S. 26). In der Praxis gilt „Co-Creation“ oftmals als Synonym für Crowd Creation, jedoch wird in diesem Buch der Begriff Crowd Creation verwendet.

Piller definiert diesen Ansatz wie folgt:

> „The term co-creation […] denotes a product development approach where customers are actively involved and take part in the design of their own" (Piller 2010, S. 3).

(2) Beim Crowdvoting wird die Crowd zu Bewertungen, Abstimmungen oder Empfehlungen aufgerufen (vgl. Leimeister 2012, S. 389). Der Auswahl- oder Entscheidungsprozess wird demnach an die Crowd ausgelagert. Bei der Beurteilung kommen meist Bewertungsinstrumente wie beispielsweise Likert-Skalen (z.B. Vergabe von null bis fünf Punkten) zum Einsatz.

(3) Crowdfunding ermöglicht die Realisierung von Projekten durch eine Finanzierung mit Hilfe der Crowd. Folglich soll ein bestimmtes Finanzierungsziel durch die Teilfinanzierung von meist kleineren Einzelbeträgen erreicht werden (vgl. Leimeister 2012, S. 388; Leimeister/Zogaj 2013, S. 23).

(4) Eine weitere Unterform bildet das Microworking, bei dem die Crowd kleine Teilaufgaben, meist in Einzelarbeit, erfüllt, die letztendlich wieder zu einer Gesamtaufgabe oder einem Endergebnis zusammengesetzt werden (vgl. Pelzer/Wenzlaff/Eisfeld-Jeschke 2012, S. 12). Dies sind meist administrative Aufgaben wie die Kategorisierung von Inhalten, Web- und Adressrecherche sowie das Transkribieren von Audio- und Videoinhalten (vgl. Pelzer/Wenzlaff/Eisfeld-Jeschke 2012, S. 17).

3 Das klassische Innovationsmanagement

In der Betrachtungsweise des klassischen Innovationsmanagements wird davon ausgegangen, dass der komplette Innovationsprozess von der Ideengenerierung über den Prototypenbau bis zum Markttest geschlossen innerhalb eines Unternehmens abläuft (vgl. Vollmann/Lindemann/Hubert 2012, S. 13). Hier wird im Rahmen des Open-Innovation-Paradigmas vom Closed-Innovation-Ansatz gesprochen. In diesem Ansatz gilt eine starke F&E-Abteilung mit einer großen internen Wissensbasis als unabdingbar für den Erfolg des Unternehmens (vgl. Vollmann/Lindemann/Hubert 2012, S. 13). Fehlen kreative Ideen und innovative Impulse in der verantwortlichen F&E-Abteilung, wird das Unternehmen kaum Innovationen hervorbringen. Der Innovationsprozess bildet die Grundlage für den Ablauf der Innovationsentwicklung und ist wie folgt strukturiert.

3.1 Der Aufbau des klassischen Innovationsprozesses

In der Literatur gibt es eine Vielzahl unterschiedlicher Ausprägungen des klassischen Innovationsprozesses. Dieser wird i.d.R. mittels eines linearen sequenziellen Phasenmodells abgebildet (vgl. Heesen 2009, S. 65). Die realen Prozesse der Innovationsentwicklung laufen jedoch nicht streng sequenziell ab, sondern beinhalten Wiederholungen (vgl. Herstatt/Buse/Napp 2007, S. 7) und sind mitunter durch zahlreiche Brüche gekennzeichnet (vgl. Reichwald et al. 2007, S. 20). Obwohl die sequenzielle Struktur der Modelle teilweise kritisiert wird, bilden diese Modelle die Realität hinreichend gut ab und dienen vielen Autoren als Grundlage ihrer Forschung (vgl. Soll 2006, S. 11).

Die verschiedenen Modelle und Auslegungen des Innovationsprozesses unterscheiden sich in der Anzahl, der Bezeichnung, dem Inhalt, der zeitlichen Dauer, der Ausprägung der Phasen und deren Reihenfolge (vgl. Heesen 2009, S. 66; Herstatt/Buse/Napp 2007, S. 6). Die Ausgestaltung des Innovationsprozesses in der Praxis hinsichtlich Phasenanzahl und weiterer Merkmale ist unter anderem abhängig von Faktoren wie der Unternehmensgröße, der Branche und des Marktes (vgl. Tranfield et al. 2002, S. 31). Die einzelnen Phasen können wiederum mehrere Teilschritte oder besser gesagt Unterphasen enthalten, je nach Detaillierungsgrad. Das Ziel eines Innovationsprozess ist die Entwicklung einer Innovation. Das Ergebnis des Prozesses kann somit ein neues Produkt, eine Dienstleistung, die Lösung eines Problems oder die Optimierung eines Prozesses sein, wie bereits in Abschnitt 2.2 definiert. Im Folgenden wird die Vielfalt der in der Literatur aufzufindenden Phasenmodelle des Innovationsprozesses dargestellt und ein grundlegendes Modell für dieses Buch abgeleitet.

Nach Stern/Jaberg besteht die einfachste Form des Innovationsprozesses zunächst aus zwei Phasen: der Idee und ihrer Umsetzung (vgl. Stern/Jaberg 2010, S. 17). Auch Schumpeter spricht von einem zweitstufigen Prozess ausgehend von einer Invention, der Erfindung, und der Innovation, ihrer Vermarktung (vgl. Trantow/Hees/Jeschke 2011, S. 4). Herzog teilt Schumpeters Auffassung und gliedert den Prozess ebenfalls in zwei Hauptschritte: […] an innovation consists of two distinct parts, the generation of an idea […] and its commercial exploitation" (Herzog 2011, S. 11). Bei der Mehrzahl der in der Literatur zu identifizierenden Ansätze kristallisieren sich jedoch, aufbauend auf diesem Grundmodell, drei Hauptphasen zur Abbildung des Innovationsprozesses heraus. Beispielsweise nutzen Bretschneider (2011, S. 14), Herzog (2011, S. 11), Soll (2006, S. 12), Herstatt/Verworn (2005, S. 17), Heesen (2009, S. 68) und Corsten/Gössinger/Schneider (2006, S. 35) drei übergeordnete Hauptphasen in ihren Auslegungen eines Phasenmodells.

Eines der grundlegenden Modelle ist das lineare Phasenmodell von Thom aus dem Jahr 1980, welches die drei Hauptphasen Ideengenerierung, Ideenakzeptierung und Ideenrealisierung beinhaltet, die einer Spezifizierung unterzogen werden, wobei stets die Idee im Fokus steht (vgl. Herstatt/Verworn 2000, S. 6). Cooper entwickelte im Jahr 1990 den sogenannten Stage-Gate-Prozess mit dem Ziel, die sequenzielle Abarbeitung einzelner Prozessstufen zu entkräften (vgl. Vesshoff 2010, S. 19). Die dritte Generation des Modells unterteilt den Prozess in mehrere Phasen (stages) von der Ideenfindung bis zur Markteinführung (vgl. Dömötör 2011, S. 36). Die Besonderheit sind Kontrollpunkte (gates), die sich am Ende jeder dieser Phasen befinden und an denen über die Fortführung oder Einstellung des Projektes (go/kill-decision) entschieden wird (vgl.

Dömötör 2011, S. 36). Kline/Rosenberg entwickelten das Chain-Link-Modell, welches im Gegensatz zu vorangegangenen Modellen Lernprozesse berücksichtigt und neugewonnenes Wissen der F&E-Abteilung in den Wissenspool der Unternehmung einspeist (vgl. Vesshoff 2010, S. 18; Corsten/Gössinger/Schneider 2006, S. 36f.).

In der Innovationsforschung hat sich mittlerweile eine Vielzahl an weiteren Formen von Phasenmodellen entwickelt. Auffällig ist die unterschiedliche Auslegung der Modelle hinsichtlich der Anzahl der Phasen. Stern/Jaberg (2010, S. 17) arbeiten im Rahmen ihrer Innovationsforschung mit vier Phasen, Herstatt/Verworn (2005, S. 17) gliedern den Prozess in fünf, Vahs/Burmester (1999, S. 131) in sechs und Witt (vgl. Verworn/Herstatt 2000, S. 8) in acht Phasen. Reichwald et al. (2007, S. 20), Vollmann/ Lindemann/Hubert (2012, S. 9) und Walcher (2006, S. 14) erwähnen, dass die Spanne der Phasen sogar bis zu einem 67-stufigen Phasenmodell reicht.

Im Rahmen dieses Buches wird ein lineares Phasenmodell mit drei Hauptphasen und fünf Unterphasen in Anlehnung an Thom (1992, S. 9), Bretschneider (2012, S. 15), Soll (2006, S. 12) und Reichwald/Piller (2006, S. 124ff.) verwendet. Auf eine visuelle Darstellung möglicher iterativer Schleifen oder Rückkopplungen (wie z.B. im Stage-Gate-Modell) wird aus Gründen der Anschaulichkeit verzichtet. Eine sequenzielle lineare Darstellung des Innovationsprozesses mit fünf Phasen bildet den Prozess für die formulierten Zwecke der Untersuchung hinreichend, übersichtlich und nachvollziehbar ab. Der Fokus liegt dabei auf der ersten Hauptphase (Fuzzy Front End) des Prozesses. Das Fuzzy Front End wird detaillierter betrachtet, da der Großteil der Methoden von Open Innovation und Crowdsourcing innerhalb dieser Phase zum Einsatz kommen. Folgende Darstellung visualisiert das Phasenmodell des Innovationsprozesses im Verständnis dieses Buches.

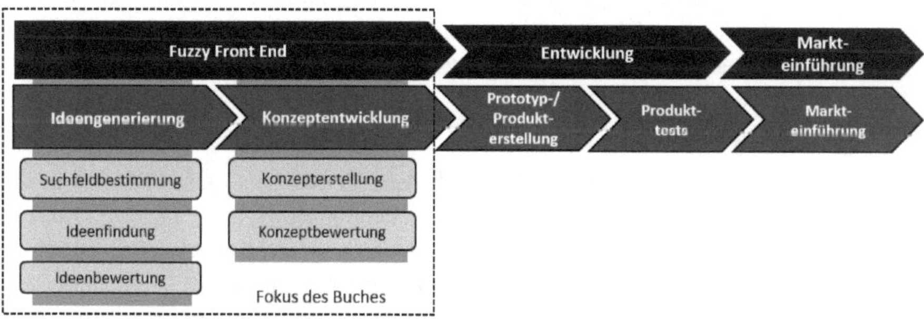

Abbildung 1: Der klassische Innovationsprozess; Quelle: Eigene Darstellung in Anlehnung an Thom (1992, S. 9), Bretschneider (2012, S. 15), Soll (2006, S. 12) und Reichwald/Piller (2006, S. 123ff).

3.2 Der Ablauf des klassischen Innovationsprozesses

Der Innovationsprozess kann durch eine Nachfrage (demand-pull) oder durch technologische Entwicklungen (technology-push) angestoßen werden (vgl. Faber 2008, S.

11). Die ersten beiden Phasen Ideengenerierung und Konzeptentwicklung werden in das Fuzzy Front End zusammengefasst. Der folgende Ablauf bezieht sich auf den in Abbildung 1 visualisierten Prozess.

Die Phase der Ideengenerierung

Die Phase der Ideengenerierung teilt sich in die Unterphasen Suchfeldbestimmung, Ideenfindung, Ideenbewertung (vgl. Bretschneider 2012, S. 15; Thom 1992, S. 8). In der traditionellen Vorstellung des klassischen Innovationsprozesses erfolgt die Ideengenerierung aus internen Quellen (vgl. Reichwald/Piller 2009a, S. 124). Neben der F&E-Abteilung gelten Unternehmensbereiche wie der Vertrieb, das Marketing, die Produktions- und Beschaffungsbereiche als wichtige Ideenquellen (vgl. Reichwald/ Piller 2009a, S. 124). Manche Unternehmen verfügen über ein internes Vorschlagswesen und beziehen somit die gesamte Belegschaft als potenzielle Ideengeber mit ein. Beispielsweise können Mitarbeiter Vorschläge und Ideen in das Intranetportal einstellen oder an internen Ideenwettbewerben teilnehmen (vgl. Diener/Piller 2010, S. 89). In der Phase der Ideengenerierung wird zunächst ein Suchfeld bestimmt (vgl. Thom 1992, S. 8). Dabei kann es sich um eine Idee für ein neues Produkt oder eine neue Dienstleistung, die Lösung eines Problems, die Verbesserung eines bestehenden Produktes oder Prozesses handeln. Das Suchfeld ist meist von der Initiative des Innovationsvorhabens abhängig, „demand-pull“ oder „technology-push“ (vgl. Faber 2008, S. 11). Ist das Suchfeld bestimmt, werden Ideen gesammelt, systematisiert und anschließend bewertet (vgl. Reichwald/Piller 2009a, S. 123). Die Beurteilung der Idee wird i.d.R. unternehmensintern auf Basis der Erfahrungen von Experten und des Senior Managements vorgenommen (vgl. Reichwald/Piller 2009a, S. 123). Bewertungskriterien sind meist die Kompatibilität mit dem angestrebten Leistungsprogramm und der Strategie des Unternehmens, die Einzigartigkeit der Idee gegenüber Produkten des Wettbewerbs und gesetzliche Rahmenbedingungen (vgl. Reichwald/Piller 2009a, S. 123).

Die Phase der Konzeptentwicklung

Die Konzeptentwicklung unterteilt sich nach dem Verständnis dieses Buches in die Erstellung eines Konzeptes und dessen anschließender Bewertung. In der Phase der Konzepterstellung wird die F&E-Abteilung vom Management angewiesen, ein Konzept aus den positiv bewerteten Ideen der vorangegangen Phasen zu entwickeln (vgl. Reichwald/Piller 2009a, S. 125). Hier werden zunächst ein Zeit- und Investitionsplan erstellt sowie eine Abschätzung hinsichtlich der Realisierbarkeit und des Marktpotenzials der Idee vorgenommen (vgl. Reichwald/Piller 2009a, S. 125). Die F&E-Abteilung setzt auf Grundlage der Ergebnisse der Planung und ihrer vorangegangenen Ausarbeitungen die Idee in ein Konzept um. Das Konzept wird im Anschluss wiederum von Experten und meist dem Seniormanagement bewertet (vgl. Reichwald/Piller 2009a, S.

125). Die Phasen der Ideengenerierung und der Konzeptentwicklung werden zusammen als Fuzzy Front End (siehe Abschnitt 3.3) bezeichnet. Sie verursachen i.d.R. höchstens 20% der Gesamtkosten (vgl. Erhardt 2013) und dauern i.d.R. bei Konsumgütern zwischen sechs und acht Monaten (vgl. Soll 2006, S. 12).

Die Phase der Prototypen-/Produkterstellung

In der Phase der Prototypen-/Produkterstellung wird das Konzept der vorherigen Phase in einen Prototyp überführt. Dieser Prozess umfasst meist die Umwandlung des Konzeptes in eine marktfähige Lösung (vgl. Büttgen 2009, S. 56). Dies erfolgt i.d.R. durch die Erstellung von physischen und/oder virtuellen Modellen, die wiederholt bewertet und letztendlich in marktreife Prototypen umgesetzt werden (vgl. Reichwald/Piller 2009a, S. 125). Die Erstellung von Prototypen ist meistens kostenaufwendig, da es nur im Idealfall bei der Erstellung eines Prototyps bleibt (vgl. Vollmann/Lindemann/Hubert 2012, S. 20) und der Prozess durch sich wiederholende Schleifen geprägt ist (vgl. Büttgen 2009, S. 56). Diese Phase der Produktentwicklung nimmt die meiste Zeit in Anspruch und verursacht die höchsten Kosten (vgl. Soll 2006, S. 12f; Erhardt 2013).

Die Phase der Produkttests

In der Phase der Produkttests wird der Prototyp bei einer klassischen Herstellerinnovation zunächst in geringen Stückzahlen probeweise für einen Testmarkt produziert (vgl. Reichwald/Piller 2009a, S. 126). Bei den Testmärkten handelt es sich meist um regionale oder nationale Testmärkte, die Auskunft über die allgemeine Marktakzeptanz des Produktes geben (vgl. Büttgen 2009, S. 56). Die Phase zielt auf das Testen der Leistungsfähigkeit des Produktes unter realen Marktbedingungen ab (vgl. Büttgen 2009, S. 56). Der Testmarkt lässt Rückschlüsse auf notwendige Optimierungen des Produktes und die Ausgestaltung der Marketingstrategie ziehen (vgl. Reichwald/Piller 2009a, S. 126).

Die Phase der Markteinführung

Zuletzt erfolgt die Markteinführung, in der sämtliche Aktivitäten zur Kommunikation und Vermarktung der Innovation durchgeführt werden. Dies beinhaltet beispielsweise die Preissetzung, die Auswahl und Kombination geeigneter Distributionskanäle sowie das Marken- und Kommunikationsmanagement (vgl. Reichwald/Piller 2009a, S. 126). Die Phase dient auch der kontinuierlichen Kontrolle des Markterfolges (vgl. Soll 2006, S. 12) und verursacht ca. 20% der gesamten Prozesskosten (vgl. Erhardt 2013).

3.3 Die Bedeutung der frühen Phase des Innovationsprozesses

Bei den Autoren der Innovationsforschung ist als Gemeinsamkeit weitgehend eine Fokussierung auf die früheren Phasen des Innovationsprozesses zu beobachten, indem sie die früheren Phasen von den späteren Phasen sowohl inhaltlich als auch begrifflich als Fuzzy Front End abgrenzen. Über den Inhalt des Fuzzy Front Ends und seine Aktivitäten herrscht wenig Einigkeit in der Literatur (vgl. Heesen 2009, S. 79). Grund für eine Fokussierung der Autoren auf das Fuzzy Front End ist dessen hohe Relevanz für den Erfolg des gesamten Innovationsvorhabens. Misserfolge bei der Markteinführung innovativer Produkte werden oft auf Mängel in den Anfangsphasen zurückgeführt (vgl. Stahr 2012, S. 57).

Da die Phasen des Innovationsprozesses sinngemäß aufeinander aufbauen, haben die im Fuzzy Front End gefallenen Entscheidungen und unternommenen Aktivitäten maßgeblichen Einfluss auf die späteren Phasen des gesamten Prozesses (vgl. Herstatt/ Verworn 2007, S. 11). Herstatt/Verworn (2005, S. 17) sprechen hier von „der Hebelwirkung der frühen Innovationsphasen“ und betonen, wenn zu Beginn keine klaren Vorgaben existieren, wird es später zwangsläufig zu unnötigen Iterationsschleifen und Abweichungen kommen. Die Fuzzy-Front-End-Phase birgt somit ihre Unsicherheiten, was auch ihre Betitelung „fuzzy“ – auf Deutsch „unscharf“ oder „undeutlich“ – erklärt. Es gilt z.B. zu klären, ob sich die Ideen und Produktkonzepte überhaupt mit gegebenen Produktionsmitteln umsetzen lassen und ob für das Produkt ein Markt besteht.

Zusätzlich werden nach Reichwald et al. (2007, S. 22) in den früheren Phasen für das gesamte Projekt „80% der Termine und 70% der Qualität determiniert“. Hinzu kommt, dass in empirischen Studien festgestellt wurde, dass die Phasen des Fuzzy Front Ends verhältnismäßig geringe Kosten verursachen, jedoch 75 bis 85% der gesamten Projektkosten schon innerhalb dieser Phasen festgelegt werden (vgl. Herstatt/Buse/Napp 2007, S. 27; Stahr 2012, S. 57). Stellt sich beispielsweise heraus, dass ein alternatives Produktkonzept besser geeignet ist, ist ein Wechsel zu diesem Konzept in einem frühen Stadium nur mit relativ niedrigen Wechselkosten und geringem zusätzlichem Zeitaufwand verbunden (vgl. Herstatt/Kalogerakis/Schulthess 2014, S. 6). Somit kann in den frühen Phasen direkt Einfluss auf die entstehenden Kosten genommen werden und zukünftige Kosten können indirekt in der Planung gering gehalten werden (vgl. Herstatt/ Buse/Napp 2007, S. 27). Im Umkehrschluss heißt dies, dass eine fehlerhafte Planung in den frühen Phasen folglich eine maßgebliche Erhöhung der Gesamtkosten aller folgenden Phasen zur Konsequenz hat. Diese Annahme bestätigt auch eine groß angelegte Studie, die zu dem Ergebnis kommt, dass in der deutschen Industriegüterproduktion fast „40% des Gesamtentwicklungsaufwandes vermeidbare Änderungen verbergen“ (Reichwald et al. 2007, S. 23). Weiteren empirischen Studienergebnissen zufolge entfallen rund 20% der Gesamtkosten auf das Fuzzy Front End (8% Ideengenerierung,

12% Konzepterstellung), 60% der Gesamtkosten auf die Phase der Entwicklung und ca. 20% auf die Markteinführungsphase (vgl. Erhardt 2013).

Es ist folglich wichtig, Projekte mit geringen Erfolgsaussichten in frühen Phasen abzubrechen, bevor wertvolle Ressourcen verbraucht werden (vgl. Erhardt 2013). Eine Abbruchquote von 75% in der Fuzzy-Front-End-Phase (vgl. Erhardt 2013) spricht dafür, dass Unternehmen dieser Empfehlung folgen. Jedoch bedeutet dies im Umkehrschluss, dass der Großteil der Projekte abgebrochen wird und Produkte erst gar nicht den Markt erreichen. Zusätzlich zu Schwächen der Phase des Fuzzy Front Ends, die auf mangelnde Sorgfalt bei der Suche und Generierung von Ideen hinweisen (vgl. Stahr 2012, S. 57), werden im folgenden Abschnitt weitere Schwächen und Optimierungspotenziale des Innovationsmanagements beschrieben.

3.4 Schwächen und Optimierungspotenziale des Innovationsmanagements

Die Probleme des Innovationsmanagements basieren laut der umfassenden aktuellen Studie zu Innovationsstrategien deutscher und internationaler Unternehmen von PwC aus dem Jahr 2013 auf Schwächen hinsichtlich der Kultur, Organisation, Führung und den im Innovationsmanagement eingesetzten Methoden (vgl. PwC 2013). In den Jahren zuvor weisen unter anderem die Autoren Reichwald/Piller (2009a), Enkel (2009), Stern/Jaberg (2010) sowie Vollmann/Lindemann/Hubert (2012) in ihren Untersuchungen auf Defizite in diesen Bereichen hin. Im Rahmen dieses Buches liegt der Fokus auf dem methodischen Einsatz von Open Innovation und Crowdsourcing als Erfolgsfaktoren der Innovationsstrategie und der Optimierung des Innovationsprozesses von Unternehmen. Der Einsatz dieser Methoden ist im Rahmen einer ganzheitlichen Strategie zu realisieren, die wiederum ein Zusammenspiel von Kultur, Organisation und Führung fordert. Welche Schwächen im Rahmen des klassischen Innovationsmanagements vorliegen, wird im Folgenden kurz erläutert.

Schwächen der Innovationskultur, Organisation und Führung

Den Studienergebnissen von PwC (2013) zufolge hat die Mehrzahl der Studienteilnehmer bereits Innovationsstrategien und -konzepte definiert. Oft fehlt es jedoch zur effektiven Umsetzung in die Praxis an einer im Unternehmen verinnerlichten Innovationskultur, die sich durch alle Bereiche des Unternehmens zieht (vgl. PwC 2013, S. 16). Mangelt es an einer ausgeprägten Innovationskultur, die den Mitarbeitern eine fortschrittliche und innovative Denkweise vorgibt, kann es bei Umstellungen und Veränderungen im Rahmen von Innovationsvorhaben zu Hindernissen kommen. Als bekannte Hürde ist das „Not-invented-here-Syndrom" (NIH-Syndrom) zu nennen (vgl. Faber 2008, S. 39), welches durch eine negative Einstellung von Individuen und Gruppen in der Belegschaft gegenüber dem externen Erwerb von technologischem Wissen gekennzeichnet ist (vgl. Ili/Albers 2010, S. 50). Wenn der Prozess von der Ideengenerierung bis zur Vermarktung bisher geschlossen abgelaufen ist (Closed-Innovation-Ansatz), werden von außen einfließende Innovationen, Wissen und Technologien Abwehrreaktionen hervorrufen (vgl. Ertl 2010, S. 70). So lehnen Entwicklungsingenieure oftmals Ideen ab, die nicht von ihnen stammen (vgl. Daecke 2009, S. 168). Dieser Effekt betrifft folglich auch die Integration von Methoden aus Open Innovation und Crowdsourcing in die routinierten Prozesse des Unternehmens. Vermitteln jedoch das Topmanagement und Führungskräfte ein uneingeschränktes Bekenntnis zur externen Ideensuche und -verwertung, wirkt dies dem NIH-Syndrom entgegen (vgl. Ili/Albers 2010, S. 50).

Neben einer gefestigten Innovationskultur zeigen Unternehmen ebenfalls Schwächen in der Organisation ihres Innovationsmanagements auf. Die PwC-Studie belegt, dass Unternehmen dazu neigen, ihr Innovationsmanagement in komplexen Strukturen mit stark fragmentierten Einzelabteilungen zu organisieren (vgl. PwC 2013, S. 16). Einzelne Fachkräfte verfügen intern über die Expertise für potenzielle Innovationen innerhalb ihrer Abteilungen, jedoch fehlt ihnen der Studie nach eine gemeinsame Zielsetzung im Rahmen von Innovationsvorhaben auf Unternehmensebene. Wird Innovation im Unternehmen nicht ganzheitlich betrieben und beschäftigen sich zahlreiche unterschiedliche Abteilungen parallel mit dem Thema (vgl. PwC 2013, S. 16), kann dies ohne eine gemeinsame Zielsetzung zu Verzögerungen und Misserfolgen von Innovationsvorhaben führen. Wenn es einem Unternehmen an der klaren Umsetzung einer Innovationsstrategie fehlt, hat dies meist zur Konsequenz, dass Ressourcen (Finanzmittel, Personal, Zeit) fehlallokiert und Innovationsvorhaben nicht strukturiert durchgeführt werden (vgl. Stern/Jaberg 2010, S. 23; S. 27). Werden hingegen klare Zielsetzungen durch Führungskräfte sowie die Unternehmensphilosophie transparent vermittelt und Ressourcen und Aufgaben an die richtigen Adressaten mit geeigneten Kompetenzen verteilt, steigt die Wahrscheinlichkeit des Erfolges des Innovationsvorhabens (vgl. Stern/Jaberg 2010, S. 24).

Da die Innovationsentwicklung für den operativen Bereich oder das Tagesgeschäft meist als irrelevant empfunden wird und somit weitgehend unberücksichtigt bleibt, empfehlen Stern/Jaberg die Bildung von speziellen Organisationseinheiten wie Innovationsteams und Innovationsmanagern (vgl. Stern/Jaberg 2010, S. 26; S. 329). Diese könnten zum einen zwischen einzelnen Abteilungen als Schnittstelle vermitteln und zum anderen die Ideenfindung und -sammlung systematisch managen. Auch die Herausgeber der PwC-Studie empfehlen, separate Innovationseinheiten (sogenannte Inkubatoren) zu schaffen, die fernab vom Tagesgeschäft operieren und in einem fürs Innovieren geschaffenen Umfeld experimentieren (vgl. PwC 2013, S. 19). Somit liegt das Problem oftmals in einer inkonsequenten, nicht ganzheitlich agierenden Innovationsstrategie und einem mangelnden Zusammenspiel zwischen Innovationskultur, Organisation und Führung des Innovationsmanagements.

Schwächen beim Methodeneinsatz im Innovationsprozess

Die methodische Umsetzung der Innovationsstrategie im Innovationsmanagement weist ebenfalls Defizite auf. So zeigt die PwC-Studie, „dass für 45% der befragten Firmen der Studie als größte Sorge im Innovationsmanagement derzeit die Umsetzung ihres Innovationsmodells in die Praxis gilt“ (PwC 2013, S. 16). Dabei stellen sie sich im Speziellen die Frage, „in welchem Umfeld die besten Innovationen [entstehen] – von der ersten Idee bis zur marktfertigen erfolgreichen Innovation“ (PwC 2013, S. 16). Stern/Jaberg resümieren aus ihren Untersuchungen, dass es Unternehmen im Rahmen des klassischen Innovationsmanagements vor allem an Ideen fehlt (vgl. Stern/Jaberg 2010, S. 329). Laut den Autoren zeigt eine größere Anzahl an Unternehmen Verbesserungspotenzial beim Generieren und Bewerten von Ideen als bei deren Umsetzung (vgl. Stern/Jaberg 2010, S. 329). Zwar verfügen die meisten Unternehmen über ein internes Vorschlagswesen, jedoch identifizieren Stern/Jaberg in ihren Untersuchungen die lange Zeitspanne zwischen Einreichung und Umsetzung der Idee als Hauptproblem, die von mindestens mehreren Monaten bis zu einem Jahr reichen kann (vgl. Stern/Jaberg 2010, S. 131). Auch die Studie von Horváth & Partners aus dem Jahr 2013 zum Forschungs- und Entwicklungscontrolling kommt zu dem Ergebnis, dass Unternehmen Defizite in der Zielerreichung ihrer Forschung- und Entwicklung aufweisen und nur 37% der Produktentwicklungsprojekte zur Einführung von Innovationen auf dem Markt führen (vgl. Erhardt 2013). Es besteht folglich Handlungsbedarf innerhalb der Phase des Fuzzy Front Ends und der Entwicklung. Der Großteil der Projektdauer fällt auf die späteren Phasen des Produktentwicklungsprozesses (vgl. Erhardt 2013), was auf ein Defizit in der Umsetzung von Ideen in ein Leistungsangebot oder der Transferierung eines Problems in eine Lösung zurückzuführen ist. Demnach ist herauszustellen, dass eindeutige Schwächen im Fuzzy Front End sowohl bei der Ideengenerierung als auch der Konzepterstellung und deren Umsetzung zu identifizieren sind.

Ein weiterer Aspekt ist die Fokussierung auf die Art und den Typ von Innovationen. Die Mehrheit der Unternehmen in Deutschland legt ihren Schwerpunkt im Rahmen ihrer Innovationsplanung stark auf die Entwicklung von neuen Produkten, was die Herausgeber der PwC-Studie (2013) kritisch betrachten und grundlegend auf die starke Zusammenarbeit dieser Unternehmen mit wissenschaftlichen Einrichtungen wie Universitäten zurückführen. 70% der Unternehmen geben in der Studie an, dass sie auch in Zukunft vermehrt mit Forschungseinrichtungen, im Speziellen mit Universitäten, zusammenarbeiten wollen (vgl. PwC 2013, S. 13). Im Rahmen eines ganzheitlichen Innovationsvorhabens wird die Zusammenarbeit mit Studenten unter anderem am

Beispiel von Volkswagen in Abschnitt 5.1 erläutert. Die Herausgeber der Studie empfehlen Unternehmen sich vermehrt auf die Kollaboration mit Kunden zu konzentrieren, um Innovationsergebnisse zu liefern, die den Kundenbedürfnissen entsprechen (vgl. PwC 2013, S. 14). Open Innovation und Crowd Creation werden in der PwC-Studie als zentrale Erfolgsfaktoren definiert. Dabei wird im Besonderen die partnerschaftliche Zusammenarbeit mit Kunden, direkten Wettbewerbern und Unternehmen aus fremden Branchen (branchenfremden Experten) hervorgehoben (vgl. PwC 2013, S. 7). Die erfolgreiche Integration von branchenfremden Experten wird das Beispiel von Porsche in Abschnitt 5.1 behandeln.

Die Zusammenarbeit mit externen Akteuren außerhalb des üblichen Sicht- und Interaktionsfeldes von Unternehmen dient einer Überwindung des Problems der lokalen Suche. Ausgelöst durch das zuvor beschriebene NIH-Syndrom neigen Entwicklungsteams bei der Lösungssuche oft dazu sich auf lokal vorhandene Expertise zu beschränken (vgl. Herstatt/Kalogerakis/Schulthess 2014, S. 14). Dies wirkt sich insbesondere negativ auf die Innovationsleistung aus, wenn das zu lösende Problem neu ist und sich das notwendige Lösungswissen in einer entfernten Wissensdomäne außerhalb des üblichen Suchfeldes befindet (vgl. Poetz/Leimüller 2014, S. 43). Durch den internetbasierten Einsatz ist die Überwindung des Problems der lokalen Suche charakteristisch für Methoden von Open Innovation und Crowdsourcing. Als Best-Practice-Beispiel für einen rein internetbasierten Einsatz wird das Geschäftsprinzip der Internetplattform Innocentive in Kapitel 7 im Rahmen einer Fallstudienuntersuchung herangezogen.

Des Weiteren ist der alleinige Einsatz von traditionellen Marktforschungsinstrumenten als Problemfeld zu identifizieren. Bei klassischen Marktforschungsmethoden wird der Kunde als statische Durchschnittsgröße behandelt (vgl. Reichwald/Piller 2009a, S. 151; Bretschneider 2013, S. 19). Jedoch können die realen Marktverhältnisse von den in Marktforschungsaktivitäten angenommenen abweichen. Produkte werden an den durchschnittlichen Kundenbedürfnissen ausgerichtet, was allerdings bei zunehmender Heterogenität der Kundenwünsche und steigender Produktvielfalt oftmals keine ausreichende Bedürfnisbefriedigung hervorruft (vgl. Vollmann/Lindemann/Hubert 2012, S. 12). Denn auch wenn sich der Prozess an den Präferenzen eines repräsentativen Kundensegments orientiert, wird die Heterogenität der Kundenwünsche mit Durchschnittsprodukten nicht berücksichtigt (vgl. Franke/Piller 2004, S. 5). Hinzu kommt, dass zuletzt ermittelte Bedürfnisse nach der Einführung des Produktes am Markt oft nicht mehr aktuell sein können (vgl. Reichwald/Piller 2009a, S. 151), sodass von einem Prognoseproblem zu sprechen ist (vgl. Vollmann/Lindemann/Hubert 2012, S. 12). Die logische Konsequenz ist eine Fehlplanung, die zur Folge hat, dass Produkte nicht das zuvor ermittelte Absatzpotenzial aufweisen und am Markt zu scheitern drohen. Die Aufnahme von Kundenbedürfnissen bezieht sich jedoch nicht nur auf die aktuellen, sondern auch auf zukünftige Kundenbedürfnisse, sodass die Nichtkunden oder Noch-

Nicht-Kunden in den Fokus rücken sollten (vgl. Stern/Jaberg 2010, S. 167). Reichwald/ Piller kritisieren, dass die Informationsgenerierung für die frühen Phasen des Innovationsprozesses oftmals fehlt. Die Marktforschung zu Kundenerwartungen und Zufriedenheitsurteilen setzt zu Beginn des Kaufprozesses oder erst in der Nutzungsphase ein (vgl. Reichwald/Piller 2009a, S. 135). Hier rücken Maßnahmen von Open Innovation in den Vordergrund, wie unter anderem das Beispiel der Kärcher zur Erhebung von Informationen eines nicht erschlossenen ausländischen Marktes in Abschnitt 5.1 zeigen wird.

Dazu kommt, dass die gewünschten zu erhebenden Bedürfnisinformationen (deswegen auch „sticky information" genannt) mit traditionellen Marktforschungsmethoden schwer zu erheben sind (vgl. Reichwald/Piller 2009a, S. 151). Bedürfnisinformationen können so „sticky" (schwierig, klebrig) sein, dass der Aufwand der Erhebung und des Transfers von Kunden zum Unternehmen größer ist als der für das Unternehmen entstehende Nutzen (vgl. Reichwald/Piller 2009a, S. 65). Werden Marktnachfrage und Kundenbedürfnisse falsch antizipiert, hat dies Auswirkungen auf den zeitlichen Rahmen des Innovationsprozesses. Denn wenn in der Phase der Produkt-/Markttests Verbesserungspotenziale identifiziert werden, muss die vorherige Phase der Prototypenerstellung erneut durchlaufen werden, um Optimierungen gemäß den Ergebnissen der Markttests vorzunehmen (vgl. Vollmann/Lindemann/Hubert 2012, S. 12). Auch wenn mehrmals durch iterative Schleifen Verbesserungen vorgenommen werden, besteht letztendlich keine Garantie dafür, dass das Produkt ein Markterfolg sein wird (vgl. Reichwald/Piller 2009a, S. 135). Folglich kann der klassische Prozess zeitlich und wirtschaftlich oft sehr aufwendig sein, da die Fertigstellung des Endproduktes durch iterative Schleifen verzögert wird (vgl. Franke/Piller 2012, S. 204). Als Best-Practice-Beispiel ist hier das Unternehmen Threadless zu nennen, welches seine Produkte im Verlauf seines Innovations- und Produktentwicklungsprozesses von externen Akteuren generieren, bewerten und bewerben lässt (Kapitel 7.2).

3.5 Zwischenfazit

Die oben dargestellten Schwächen weisen auf einen Handlungsbedarf hin und sprechen potenziell für den Einsatz von Open Innovation und Crowdsourcing, um die bisherigen Methoden und Praktiken des klassischen Innovationsmanagements zu ergänzen. Denn Crowd Creation und kollaborative Open-Innovation-Ansätze mit Partnern, Kunden und deren Kunden sowie Wettbewerbern und Unternehmen aus anderen Branchen gelten nach den Herausgebern der PwC-Studie als zentrale Erfolgsfaktoren für die zukünftige Innovationsentwicklung (vgl. PwC 2013, S. 7). In der aktuellen Untersuchung des Fraunhofer-Instituts wird „Customer Crowd Creation" sogar als wichtigste Kundenintegrationsmethode von Unternehmen aufgeführt (vgl. Chesbrough/Brunswicker 2013, S. 3).

Die ermittelten Schwächen der Unternehmen in Problemfeldern wie der Innovationskultur sowie der Umsetzung von Innovationsstrategien und Organisationsstrukturen können voraussichtlich nicht durch Einsatz von internetbasierten Open-Innovation-Methoden wie dem Crowdsourcing gelöst werden. Diese Annahme beruht zum einen auf der logischen Konsequenz, dass Open-Innovation-Methoden in ihrem Grundsatz einem anderen Zweck dienen. Zum anderen beinhaltet die Einführung von Open-Innovation-Methoden in das klassische Innovationsmanagement eine mögliche Veränderung organisatorischer Strukturen und eine Umstellung für die Mitarbeiter. In diesem Fall würden die Methoden des Open-Innovation-Ansatzes die Situation der Unternehmen in Bezug auf Organisation, Kultur und Strategie möglicherweise kurz- bis mittelfristig komplexer machen. Diese Aspekte müssen folglich Teil der Planung und Strategie des Open-Innovation-Ansatzes sein, da sie den Erfolg des Innovationsvorhabens maßgeblich beeinflussen. Das Potenzial der Integration von Kunden und weiteren Akteuren durch die Ergänzung von Open Innovation und Crowdsourcing zur Reduzierung oder sogar Eliminierung der methodischen Schwächen wird im weiteren Verlauf behandelt.

4 Von der Kundenintegration und -orientierung zu Open Innovation und Crowdsourcing

Begriffe wie „Co-Producer“, „Prosumer“, „Partial Employee“ „Active Strategy“ oder „Kundennähe“, „Kundenbindung“, „Kundenintegration“ und „interaktive Wertschöpfung“ zeigen, dass Kunden zunehmend eine zentrale Rolle im Wertschöpfungsprozess der Unternehmen einnehmen (vgl. Bretschneider/Leimeister/Krcmar 2009, S. 1). Von Hippel (1978, S. 40) beschreibt bereits 1978 unterschiedliche Formen der Integration des Kunden in Wertschöpfungsprozesse im Rahmen seines „Manufacturer Active Paradigm“ (MAP) und „Customer Active Paradigm“ (CAP). Bei der Entwicklung vom MAP zum CAP findet somit eine Veränderung vom kundenorientierten zum kundenintegrierenden Innovationsmanagement statt. Im Zuge dieser Entwicklung werden im Rahmen der Kundenorientierung mehr und mehr Methoden der Kundenintegration im Innovationsmanagement eingesetzt, die wiederum die Basis für Methoden von Open Innovation und Crowdsourcing und deren Ausprägungen und Weiterentwicklung darstellen.

4.1 Das kundenorientierte Innovationsmanagement

Methoden der Kundenorientierung werden im Rahmen der traditionellen Marktforschung zur Erfassung von Kundenbedürfnissen und -problemen genutzt (vgl. Daecke 2009, S. 30), um auf Basis der Ergebnisse Innovationen zu entwickeln (vgl. Bretschneider 2011, S. 19). Der Kunde dient dem Innovationsmanagement im Rahmen der Kundenorientierung folglich als Quelle für Bedürfnisinformationen (vgl.

Bretschneider 2012, S. 19). Ein Unternehmen ermittelt mittels Marktforschungsmethoden potenzielle Kundenbedürfnisse und -wünsche (Bedürfnisinformationen), transferiert diese in einen Prototyp und testet das Absatzpotenzial iterativ im Laufe des Innovationsprozesses bis zur Markteinführung (vgl. Reichwald/Piller 2009a, S. 135). Zu diesen Methoden der Kundenorientierung existiert eine ganze Reihe an qualitativen und quantitativen Methoden der Marktforschung. Dies sind unter anderem Tiefen- oder Einzelinterviews, aber auch Beobachtungen. Beim Empathic Design werden Kunden in ihrer natürlichen Umgebung im Umgang und in der Verwendung von Produkten im Alltag beobachtet (vgl. Bretschneider/Leimeister/Krcmar 2009, S. 5). Beim Mystery Shopping treten Testkäufer als normale Kunden auf, um die reale Kundensituation beim Einkaufen wahrzunehmen (vgl. Reinecke/Kurzmann 2009, S. 200). Kundenbeobachtungen können auch in Form von Experimenten auftreten wie beispielsweise Laufstudien in Filialen oder Pupillenmessung mit speziellen Brillen auf Internetseiten (vgl. Reinecke/Kurzmann 2009, S. 200). Mittels des Einsatzes des Internets werden manche Methoden online durchgeführt wie z.B. qualitative Onlineinterviews, quantitative Onlinebefragungen Onlineexperimente und Beobachtungen. Eine allgemein verbreitete Methode ist die Gewinnung von Kundenfeedback und die Auswertung von Beschwerden und Anregungen, die per E-Mail oder Beschwerdefunktion auf Websites eingehen (vgl. Soll 2006, S. 36).

Das „Manufacturer Active Paradigm"(MAP) entspricht der unternehmensbezogenen autonomen Wertschöpfung, in der der Kunde noch eine passive Rolle einnimmt (vgl. Vollmann/Lindemann/Hubert 2012, S. 11). Der Kunde spricht nur, wenn er angesprochen wird – „speaking only when spoken to" (von Hippel 1978, S. 40). Im MAP wählt das Unternehmen (Manufacturer) die Gruppe von Kunden aus, um die nötigen Bedürfnisinformationen für neue Produkte oder Veränderungen existierender Produkte zu erheben (vgl. von Hippel 1978, S. 40). Unternehmen ermitteln also durch den Einsatz klassischer Marktforschungsaktivitäten potenzielle Kundenbedürfnisse, transferieren diese Bedürfnisinformationen eigenständig in ein Leistungsangebot und testen dieses iterativ in den nachfolgenden Innovationsphasen (vgl. Reichwald/Piller 2009a, S. 135). In der klassischen Betrachtungsweise verfügen Kunden dabei über Bedürfnisinformationen, und das Unternehmen besitzt Lösungsinformationen (vgl. Reichwald/Piller 2009a, S. 130). Innovationen sind folglich die alleinige Aufgabe eines Unternehmens, welches selbstständig Bedürfnisinformationen erhebt und mit Lösungsinformationen kombinieren muss (vgl. Vollmann/Lindemann/Hubert 2012, S. 11). Demnach ist das Unternehmen im klassischen Ansatz bestrebt, Bedürfnisinformationen vom Markt in die interne F&E-Abteilung zu übermitteln, in der die angestellten Forscher und Entwickler unter Nutzung von Lösungsinformationen entsprechende Innovationen entwickeln (vgl. Reichwald/Piller 2009a, S. 130).

Aus der Marketingperspektive werden Kunden im Rahmen von Marktforschungsaktivitäten wie Marktbefragungen oder Kundentests als Informationsquelle genutzt (vgl. Bretschneider/Leimeister/Krcmar 2009, S. 1), sodass man in diesem Zusammenhang oft von Voice-of-the-Customer-Ansätzen spricht (vgl. Reichwald/Piller 2009a, S. 128). Diese Marktforschungsaktivitäten stellen im klassischen Ansatz folglich das Bindeglied zwischen Kunde und Unternehmen dar, um einen Transfer von Bedürfnisinformationen zu realisieren (vgl. Reichwald/Piller 2009a, S. 131). Die entdeckende Marktforschung untersucht meist mit qualitativen Befragungen zuvor unbekannte Phänomene, während die testende Marktforschung mit quantitativen Befragungen der Vergleichbarkeit der Antworten dient (vgl. Reichwald/Piller 2009a, S. 131). Anschließende Tests von Prototypen stellen sicher, dass die von den Forschern und Entwicklern in eine Lösung umgesetzten Bedürfnisinformationen auch den realen Bedürfnissen des Marktes entsprechen (vgl. Reichwald/Piller 2009a, S. 128).

4.2 Das kundenintegrierende Innovationsmanagement

Hingegen nehmen Kunden im „Customer Active Paradigm" (CAP) eine dominierende Rolle ein, in der sie alle Wertschöpfungsaufgaben vollständig und autonom leisten (vgl. Reichwald/Piller 2009a, S. 49). Im Rahmen des CAP werden somit Methoden angewendet, die das klassische Innovationsmanagement zu einem kundenintegrierenden interaktiven Ansatz machen. Kunden dienen nicht mehr nur als Quelle für Bedürfnisinformationen im Rahmen von Kundenbefragungen, sondern entwickeln eigenständig Produkt- oder Lösungskonzeptionen, fertigen Prototypen an und nehmen Optimierungen an bestehenden Produkten vor (vgl. Bretschneider/Leimeister/Krcmar 2009, S. 3; Hüner 2013, S. 9). Reichwald/Piller (2009, S. 9) bezeichnen dieses methodische Vorgehen als „interaktive Wertschöpfung", welche den Transfer von implizitem Wissen der Kunden zu Unternehmen durch das Prinzip der Kundenintegration beschreibt. Die Integration der Kunden erfolgt beispielsweise durch die Teilnahme an Lead-User-Workshops, Fokusgruppen und Ideenwettbewerben. Bei diesen Methoden findet eine Wertschöpfung auf interaktiver Ebene statt, sodass Kunden neben Bedürfnis- auch Lösungsinformationen liefern und somit zu Anwendern, sogenannten Usern, werden (vgl. Hüner 2013, S. 8). Die Vorgehensweisen und Charakteristiken dieser Methoden finden auch in Open Innovation und Crowdsourcing ihre Anwendung. So werden beispielsweise Ideenwettbewerbe auf Websites mit Communitys veranstaltet, um Zugriff auf die kollektive Intelligenz der Community im Sinne des Crowdsourcings zu erlangen. Dabei kommen vermehrt Gestaltungsinstrumente wie Toolkits zum Einsatz, die auch Teil der Kundenintegration (z.B. Designkonfiguration) oder der Produktindividualisierung sind. Eine konkrete Differenzierung zwischen Open-Innovation-Maßnahmen und

Methoden der Kundenintegration kann folglich nicht vorgenommen werden. Im folgenden Abschnitt werden Instrumente erläutert, die in unterschiedlicher Intensität innerhalb des Innovationsprozesses eingesetzt werden.

Die Lead-User-Methode

Eine der etablierten Methoden ist die durch von Hippel entwickelte Lead-User-Methode als Teil des CAP (vgl. Pikkemaat/Weiermair 2009, S. 160). Sie zielt auf die aktive Einbindung ausgewählter Anwender (Lead User) ab, um mit diesen Ideen für Produktinnovationen zu generieren (vgl. Reichwald/Piller 2009a, S. 180). Von Hippels Studien haben gezeigt, dass die Bedürfnisse von Lead Usern ein Indikator für zukünftige Marktbedürfnisse sind. Zum anderen können von Lead Usern konzipierte Produkte erfolgreich vermarktet werden (vgl. von Hippel 2005, S. 19). Denn Lead User nehmen Marktbedürfnisse deutlich früher wahr als die Mehrheit der Kunden in einem Marktsegment (vgl. Hüner 2013, S. 15). Die meisten geäußerten Kundenwünsche beruhen auf den Bedürfnissen nach günstigen Preisen oder Produktverbesserungen (vgl. Stern/Jaberg 2010, S. 173). Lead User unterscheiden sich jedoch von „normalen“ Kunden, indem sie selbst innovativ und Neuerungen gegenüber offen sind, Lösungsansätze für Probleme erkennen, Produktkonzeptionen eigenständig entwickeln und letztendlich meistens zu den Erstanwendern gehören (vgl. Stern/Jaberg 2010, S. 173). Sie profitieren meist selber im besonderen Maße von ihren Innovationen, da es bisher keine vergleichbare Lösung auf dem Markt gibt, die ihre Bedürfnisse stillen kann (vgl. Hüner 2013, S. 15). Die Exploration des Wissens dieser begehrten Lead User erfolgt im Zuge des klassischen Innovationsmanagements in Innovationsworkshops im Rahmen von langfristigen Kooperation (vgl. Bretschneider, 2012, S. 1f.). In Innovationsworkshops generieren Unternehmensmitarbeiter und Lead User zusammen Ideen sowie Konzepte für deren Umsetzung (vgl. Bretschneider 2012, S. 1f.). Die in den Workshops generierten Ideen geben den Unternehmen Aufschluss über zu erfüllende Wünsche und mögliche Lösungen. Denn die Entwicklung von Produkten oder Dienstleistungen hat grundsätzlich die Befriedigung der Bedürfnisse von Menschen zum Ziel (vgl. Walcher 2007, S. 21). Folglich spiegeln die in den Workshops entwickelten Ideen Bedürfnis- und Lösungsinformationen wider (vgl. Bretschneider, 2012, S. 2). Aufgrund seiner praktischen Anwendbarkeit hat sich der Lead-User-Ansatz durchgesetzt und bekannte Unternehmen wie 3M, Hilti (vgl. Bretschneider/Leimeister/Krcmar 2009, S. 5) und Porsche (vgl. Heismann 2010, S. 124) nutzen verschiedene Formen dieses Ansatzes in ihren Entwicklungsprozessen.

Fokusgruppen

Eine weitere Methode, die in ihrer Art mit der Durchführung des Lead-User-Ansatzes vergleichbar ist, sind Fokusgruppen (vgl. Herrmann/Huber 2013, S. 143). Fokusgruppen sind unternehmensinterne Gruppendiskussionen, an denen durchschnittlich zwischen sechs und zehn (vgl. Herrmann/Huber 2013, S. 144), teilweise sogar zwölf Personen unter Leitung eines erfahrenen Moderators (vgl. Bretschneider/Leimeister/Krcmar 2009, S. 5) teilnehmen. Ziel des Einsatz von Fokusgruppen ist es, Meinungen, Urteile und Ideen der Teilnehmer zu erheben (vgl. Bretschneider/Leimeister/Krcmar 2009, S. 5). Sie unterscheiden sich von Lead-User-Methoden insofern, dass die Teilnehmer gewöhnliche Kunden sind und nicht zwingend trendführende Nutzer (Lead User) sein müssen (vgl. Herrmann/Huber 2013, S. 143). Fokusgruppen dienen dazu, eine Wertschöpfung durch eine Ideengenerierung des Kunden zu erlangen (vgl. Kurzmann/ Reinecke, 2009 S. 193), und werden folglich den frühen Phasen (Fuzzy Front End) des Innovationsprozesses zugeordnet (vgl. Bretschneider/Leimeister/Krcmar 2009, S. 5).

Qualitative Methoden, ob Kundenbeobachtungen, Fokusgruppen oder die Lead-User-Methode, sind äußerst aufwendig und mit einem hohen Kosten- und Zeitaufwand verbunden, dazu ist die Auswertung der Ergebnisse oft komplex (vgl. Soll 2006, S. 1). In der Praxis stellen demnach Ideenwettbewerbe eine attraktive und etablierte Alternative dar.

Ideenwettbewerbe

Schon Schumpeter (1934) sah im Wettbewerb den Motor für technischen Fortschritt und von Hayek (1945) eine Methode zur Entdeckung neuen Wissens (vgl. Reichwald/ Piller 2009a, S. 198). In der klassischen Innovationsstrategie vieler Unternehmen dient ein internes Vorschlagswesen oder ein Intranetportal zur Einreichung von Ideen und Verbesserungsvorschlägen seitens der eigenen Mitarbeiter. Im Rahmen des Open-Innovation-Paradigmas stellt der Ideenwettbewerb eine der am häufigsten eingesetzten internetbasierten Methoden dieses Ansatzes dar und hat die Integration von Kunden und weiterer externer Akteure zur Ideengenerierung in die frühen Phasen des Innovationsentwicklungsprozesses zum Inhalt (vgl. Diener/Piller 2010, S. 88). Ziel eines Ideenwettbewerbs ist es, im Gegensatz zum klassischen Verfahren, zuvor unbekannte externe Akteure am Prozess zu beteiligen (vgl. Reichwald/Piller 2009a, S. 199), die im Speziellen durch die unbegrenzte Reichweite und die umfangreiche Nutzung des Internets erreicht werden sollen. Bei Ideenwettbewerben senden externe Akteure nach einem Aufruf von Seiten eines öffentlichen oder privaten Anbieters ihre Idee ein, die dann zumeist von einer internen Expertenjury bewertet und prämiert wird (vgl. Bretschneider/Leimeister/Krcmar 2009, S. 3). Ideenwettbewerbe vereinen die große Reichweite des Internets, was die Anzahl der Ideen signifikant erhöht, mit einem geringen Durchführungsaufwand (vgl. Soll 2006, S. 3; S.36). Sie können kontinuierlich als offene Innovationsplattform oder als zeitlich begrenzte Aktion zur Lösung eines Problems durchgeführt werden (vgl. Reichwald/Piller 2009a, S. 199). Sie erstrecken sich vom breiten Abgreifen von Bedürfnisinformationen bis zum detaillierten Sammeln von Verfahrensinnovationen zu einem bestimmten Produkt oder zu einem besonderen technischen Problem (vgl. Reichwald/Piller 2009a, S. 201). Finden sie in festgelegten Zeiträumen statt, die je nach Aufgabenstellungen variieren können, dauern sie meist mehrere Wochen oder Monate an (vgl. Diener/Piller 2010, S. 90). Im Gegensatz zu kollaborativen Ansätzen des Crowdsourcings (z.B. zusammenarbeitsbasiertes Crowd Creation) soll der Wettbewerbscharakter von Ideenwettbewerben die Kreativität und die Qualität der Beteiligten anregen. Die Mehrheit der Plattformen setzt jedoch auf eine Interaktion zwischen den Beteiligten in der Crowd, sodass von einer „Crowd-Creation-Community" gesprochen werden kann.

Im Verständnis dieses Buches wird eine Crowd, also eine undefinierte Gruppe, zur Community, wenn Individuen der Crowd miteinander interagieren. Da die Mitglieder der unterschiedlichen Internetplattformen von Open Innovation und Crowdsourcing meist, wenn auch nur flüchtig, in Kontakt miteinander treten, werden virtuelle Gemeinschaften von Open Innovation und Crowdsourcing im Rahmen dieser Abhandlung als Community bezeichnet werden.

Communitys

Communitys können in einer Vielzahl von Websites mit unterschiedlichen Themengebieten zum Einsatz kommen. Aus diesen Themengebieten resultieren eigene Bezeichnungen für Communitys wie beispielsweise Gesundheits-Communitys, Spiele-Communitys und Produkt-Communitys (vgl. Bretschneider 2012, S. 45f.), Marken-Communitys (vgl. Bretschneider 2012, S. 51), Brand-Communitys (vgl. Bruhn 2009, S. 123), Broadcast-Research-Communitys (vgl. Diener/Piller 2010, S. 95) oder Crowdsourcing-Communitys (vgl. Pelzer/Wenzlaff/Eisfeld-Jeschke 2012, S. 12).

Bei Communitys variiert die Aufgabenspezifität von einem sehr allgemeinen, offenen Aufruf zur Produktbewertung und -verbesserung bis hin zur Generierung von dezidierten Lösungen komplexer wissenschaftlicher Problemstellungen (vgl. Blohm 2013, S. 30). Dabei greifen Communitys des Open-Innovation-Ansatzes auf unterschiedliche Funktionen zur Unterstützung der Kollaboration der Teilnehmer zurück (vgl. Blohm 2013, S. 30). Folglich können Mitglieder der Community über Funktionen wie Forenbeiträge, Kommentarfelder und persönliches E-Mailing miteinander kommunizieren, um Ideen zu diskutieren und gemeinschaftlich zu verbessern. Durch die Nutzung von interaktiven Web-2.0-Instrumenten, unter anderem Toolkits, ermöglichen Plattformen ihren Communitys das Generieren, Bewerten, Kommentieren und Weiterentwickeln von Ideen (vgl. Büttgen 2009, S. 58). Die Beiträge innerhalb dieser Communitys reichen von einfachen Foreneinträgen über Designentwürfe bis hin zu neuen Produktideen und konkreten Produktkonzepten. Diese weisen meist einen hohen Neuigkeits- oder Innovationsgrad auf (vgl. Bretschneider/Leimeister/Krcmar 2009, S. 5).

Im Sinne der Kundenintegration und -orientierung werden Communitys als Quelle für Lösungs- und Bedürfnisinformationen genutzt. Denn schon jeder theoretische Ansatz einer Idee kann Bedürfnisinformationen von Kunden und sogar bereits konkrete Umsetzungskonzepte enthalten, sodass daraus wiederum konkrete Lösungsinformationen erhoben werden können. Da sich die Identifikation und Selektion der Vielzahl von Ideen teilweise als große Herausforderung erweist, greifen Communitys oftmals auf die Bewertung der Ideen durch ihre Mitglieder mittels Bewertungsfunktionen zurück. Über diese integrierte Bewertungsfunktion erhalten Unternehmen ein Meinungsbild durch die Community, das beispielsweise die Marktchancen eines Produktes widerspiegelt (vgl. Bretschneider 2012, S. 3). Dieses Vorgehen wird als Crowdvoting bezeichnet und ist eine Ausprägung des Crowdsourcing-Ansatzes. In diesem Fall fungiert die Community im Verständnis von Marktforschungsaktivitäten als Stichprobe für den Absatzmarkt. Die Repräsentativität dieser Erhebungen, im Speziellen beim Einsatz von Onlinebefragungen, lässt zwar einige Zweifel offen. Wird eine Idee durch die Community positiv bewertet, kann dies jedoch ein Indikator für ein mögliches Erfolgspotenzial des Produktes sein.

Bretschneider stellt in seinen Fallstudienuntersuchungen fest, dass ein Großteil der Ideen aus der Kollaboration der Mitglieder der Community entsteht (vgl. Bretschneider 2012, S. 53). Bei dieser Methode kann von zusammenarbeitsbasierter Crowd Creation gesprochen werden (vgl. Leimeister/Zogaj 2013, S. 61), da das primäre Ziel die gemeinsame Entwicklung eines guten Ergebnisses ist. Vor allem wenn eine ursprüngliche Idee mit Kommentaren mit konkreten Verbesserungsvorschlägen oder Ideenergänzungen angereichert wurde, führt dies laut Bretschneider (2012, S. 53) zu einer Verbesserung der finalen Version. Ideenwettbewerben liegt hingegen der wettbewerbsbasierte Ansatz des Crowd Creation zu Grunde. Bei beiden Ansätzen werden in der Praxis meist Toolkits im Rahmen der Ideengenerierung eingesetzt, um eine theoretische Idee in einen virtuellen Entwurf umzusetzen.

Toolkits

Ein Toolkit ist ein internetbasiertes Instrument, das seinen Nutzern ermöglicht, ihre Bedürfnisse und Vorstellungen schrittweise in eine konkrete Lösung oder eine Produktkonzeption zu überführen (vgl. Diener/Piller 2010, S. 93). Sie werden meist vom Unternehmen auf einer Interaktionsplattform bereitgestellt und entsprechen einer Art Baukasten mit einem definierten Lösungsraum (vgl. Diener/Piller 2010, S. 93). Das Ziel ist es, schwer zu ermittelnde Bedürfnisinformationen von Kundenseite zu erheben (vgl. Reichwald/Piller 2009a, S. 189). Dabei setzen Unternehmen beim Einsatz von Toolkits auf die Intelligenz und Kreativität einer Masse an Personen oder besser gesagt der Crowd im Sinne des Crowdsourcings. Durch die direkte Umsetzung der Ideen, Vorstellungen und Bedürfnisse einer großen Anzahl von Personen in eine konkrete Produktkonzeption sind Unternehmen von der Aufgabe befreit, die Kundenbedürfnisse exakt zu verstehen, zu evaluieren und in ein Produkt- oder Leistungsangebot zu übersetzen (vgl. Reichwald/Piller 2009a, S. 191). Die Anwendung von Toolkits erfolgt über das Internet, sodass die Teilnehmer nicht wie beim Lead-User-Ansatz oder bei Fokusgruppen mit dem Unternehmen in direkten Kontakt treten.

Es existieren zwei Arten von Toolkits: Toolkits für User Innovation und Toolkits für User Co-Design, die beide dem Zweck unterliegen, den Trial-and-Error-Prozess an den externen Akteur auszulagern (vgl. Diener/Piller, 2010, S. 93). Toolkits für User Innovation verfügen über geringe Einschränkungen im Lösungsraum wie z.B. Programmiersprachen (vgl. Diener/Piller 2010, S. 94). Toolkits für User Co-Design sind in ihrer Bedienbarkeit meist einfacher und setzen keinerlei Vorkenntnisse voraus. Sie sind als eine Art Baukasten mit verschiedenen Elementen gestaltet, aus denen die Nutzer ein Endprodukt nach ihren Vorstellungen und Bedürfnissen konfigurieren können (vgl. Diener/Piller 2010, S. 94). Ein vordefinierter Lösungsraum durch einen Baukasten gewährleistet für Unternehmen, dass die Produktideen später auch mit den gegebenen Mitteln realisierbar sind (vgl. Reichwald/Piller 2009a, S. 192). Beide Formen der Toolkits können sowohl im wettbewerbs- als auch im zusammenarbeitsbasierten Crowd Creation eingesetzt werden.

4.3 Das Innovationsmanagement unter Ergänzung von Open Innovation und Crowdsourcing

Die Anzahl von F&E-Allianzen und -kooperationen zwischen Unternehmen hat seit den 1980er Jahren stark zugenommen und erreichte in den 90er Jahren einen Höhepunkt (vgl. Enkel 2009, S. 178). Jedoch eröffnet Chesbroughs Open-Innovation-Paradigma im Jahre 2003 völlig neue Möglichkeiten und gibt einen Anstoß zu bisher ungewöhnlichen Formen der Zusammenarbeit zwischen Unternehmen und externen Akteuren. Obwohl Chesbrough (2003, S. 1f.) von einem Paradigmenwechsel spricht, ist hervorzuheben, dass die Öffnung des Innovationsprozesses nicht gleichzeitig das Verwerfen der bisherigen Vorgehensweisen und Prozesse des Innovationsmanagement zur Folge hat. Vielmehr ergänzen Methoden und Instrumente des Open-Innovation-Ansatzes das klassische Innovationsmanagement im Unternehmen und lösen es nicht ab (vgl. Reichwald/Piller 2006, S. 96). Allein aus dem Grund, dass es nicht erstrebenswert ist, bei jeder Innovation „das Rad neu zu erfinden" (Herstatt/Kalogerakis/Schulthess 2014, S. 6), und Unternehmen auch bei radikalen Innovationen bestehende interne Expertise nutzen sollten, ist das Verwerfen der klassischen Strukturen und Vorgehensweisen nicht zielführend. Gerade bei radikalen Innovationen zeigen erste empirische Studien, dass es darauf ankommt, unternehmensinterne Expertise mit branchenfremdem Wissen von außerhalb der Branche zu kombinieren (vgl. Herstatt/Kalogerakis/Schulthess 2014, S. 40).

Unternehmen arbeiten schon länger mit Zulieferern, Universitäten und Kunden im Rahmen der Entwicklung zusammen (vgl. Gassmann 2013, S. 5; Enkel 2009, S. 178). Die Zusammenarbeit mit Zulieferern auf strategischer Ebene ist für Unternehmen aus vielerlei Hinsicht interessant, denn zum einen wird die eigene Kapazität im F&E-Bereich erweitert und zum anderen werden in der Folge auch Synergieeffekte im Bereich der Herstellung beim Zulieferer möglich (vgl. Clausen 2010, S. 178). Auch die Zusammenarbeit mit Universitäten und Forschungsinstituten hat sich bewährt, im Speziellen beim Zugriff auf komplexes Wissen aus Forschungsbereichen wie der organischen Chemie (vgl. Clausen 2010, S. 181) sowie der Grundlagenforschung (vgl. PwC 2013, S. 14). Weiter ist die Integration von Kunden keine neue Errungenschaft im Sinne des Open-Innovation-Ansatzes (vgl. Chesbrough 2003), sondern geht auf Ausführungen aus den 1970er Jahren zurück (vgl. von Hippel 1978), wie im vorherigen Abschnitt dargestellt wurde. Beim Paradigmenwechsel vom MAP zum CAP nach von Hippel ändert sich die Rolle des Kunden von einer passiven in eine aktive. Somit verändert sich der Integrationsgrad des Kunden mittels Methoden von niedrig (z.B. Kundenbeobachtungen) zu hoch (z.B. Toolkits) (vgl. Bruhn/Stauss 2009, S. 19).

Durch eine Öffnung der Unternehmensgrenzen erweitert der Open-Innovation-Ansatz den Kreis der Kooperationspartner von Zulieferern, eigenen Kunden, Universitäten und Forschungseinrichtungen um weitere bisher wenig integrierte externe Akteure (vgl. Diener/Piller 2010, S. 85f.) und verschafft sich dadurch einen Zugang zu einer breiten Informations-, Wissens- und Lösungsbasis (vgl. Bretschneider 2012, S. 18). Somit sind die eigentlich neuen Aspekte von Open Innovation die Erweiterung des beteiligten Personenkreises und die Integration von externen Akteuren wie branchenfremden Experten, Nichtkunden, interessierten Nutzern, Studenten (vgl. Diener/Piller 2010, S. 85f.) und sogar Wettbewerbern der gleichen Branche (vgl. PwC 2013, S. 7). Zu dem integrierten Personenkreis zählen weiterhin bisher integrierte Akteure wie beispielsweise Kunden, da sie eine wichtige Informations- sowie Erlösquelle darstellen. Jedoch erfährt der bisher integrierte Personenkreis mit steigender Intensität eine Ergänzung um neue externe Akteure verschiedenster Art.

In den neuen Ansätzen von Open Innovation und Crowdsourcing werden Methoden aufgegriffen, die bereits in CAP und MAP oder der Kundenorientierung und -integration verwendet werden. Folglich werden unter Einsatz des Internets Ideenwettbewerbe, Toolkits und Communitys auf Internetplattformen genutzt, um externe Akteure als Urheber für kreative und innovative Ideen und deren Bewertung in die Phase der Ideengenerierung zu integrieren. Wenn sich diese Personengruppen in einer Community auf einer Internetplattform versammeln, um ihre breite Expertise im Sinne der kollektiven Intelligenz in einem Wissenspool zu vereinen und Aufgaben durch Arbeitsteilung effizient zu erledigen, bezeichnen Praktiker dies als Crowdsourcing. Folglich ist für zahlreiche Praktiker Crowdsourcing das wirklich Neue des Open-Innovation-Ansatzes im Unternehmen (vgl. Gassmann 2013, S. 5). Dabei ist hervorzuheben, dass Unternehmen zwar das Leistungsangebot dieser Internetplattformen in Anspruch nehmen, hinter denen sinngemäß auch ein Unternehmen steckt, jedoch die eigentlichen Aufgaben, wie beispielsweise die Ideengenerierung, von Individuen der Community oder der Crowd übernommen werden. Die Einbindung von externen Akteuren, versammelt als Crowd in Communitys auf Internetplattformen, schafft eine neue Art von Arbeitsorganisation, sowohl auf Arbeitgeber- als auch Arbeitnehmerseite (vgl. Leimeister/Zogaj 2013, S. 5), und ermöglicht die Auslagerung einer Vielzahl von Aufgaben an die Crowd durch Crowd Creation, Crowdvoting, Crowdfunding und Microworking.

4.4 Zwischenfazit

Das Kapitel hat gezeigt, dass eine strikte Grenze zwischen Methoden der Kundenintegration und Open Innovation nicht zu ziehen ist. Manche Methoden werden im Rahmen einer Open-Innovation-Strategie miteinander kombiniert, z.B. ein Ideenwettbewerb in einer Kunden-Community mit Lead Usern unter Einsatz von Toolkits für User Innovation. Einige der Open-Innovation-Ansätze stützen sich folglich auf die obigen Methoden der Kundenintegration im Verständnis des B2C-Bereiches. Andere basieren auf der Kooperation zwischen Unternehmen und weiteren unternehmerischen Parteien im Sinne des B2B-Ansatzes. Bei dem Großteil der Methoden der neuen Ansätze spielt der Einsatz des Internets eine maßgebliche Rolle. Um einen allgemeinen Überblick über den Einsatz von Open Innovation und Crowdsourcing in der Unternehmenspraxis zu geben, werden im folgenden Kapitel ausgewählte Praxisbeispiele zusammengetragen.

5 Open Innovation und Crowdsourcing in der Praxis

Open Innovation findet mittlerweile in einer Vielzahl verschiedener Bereiche seine erfolgreiche Anwendung wie beispielsweise in der Biotechnologie, der Konsumgüterindustrie, der IT-Industrie (vgl. Enkel 2009, S. 182) sowie der Automobilindustrie (vgl. Müller 2010, S. 169). Bekannte Unternehmen wie IBM, Cisco, Google, P&G (vgl. Ertl, 2010, S. 70), Dell, Henkel, Bayer, BASF, 3M, Bosch, (vgl. Enkel 2009, S. 182), Swarovski (vgl. Erler/Wilhelmer 2010, S. 225) sowie Phillips (vgl. Enkel/Gassmann/ Chesbrough 2009, S. 312) konnten positive Ergebnisse durch Einführung von Open Innovation in ihr Innovationsmanagement erzielen. Insbesondere für die Automobilindustrie bietet Open Innovation eine Möglichkeit, der Herausforderung verkürzter Produktlebenszyklen Herr zu werden. Bei der Nutzung von kollektiver Intelligenz im

Crowdsourcing und bei Open-Innovation-Methoden sind namhafte Hersteller wie Volkswagen, BMW (vgl. Müller 2010, S. 147ff), Porsche (vgl. Heismann 2010, S. 115ff.), Fiat (vgl. Leimeister/Zogaj 2013, S. 19) sowie Daimler und Toyota (vgl. Toyota online) zu nennen. Neben namhaften Unternehmen und Konzernen haben sich Unternehmen, deren Geschäftsmodell auf den Prinzipien von Open Innovation und Crowdsourcing basiert, etabliert, wie beispielsweise Local Motors, Threadless und 99Designs. Und die Anzahl von Start-ups in diesem Bereich nimmt stetig zu. Aber auch Spin-offs bekannter Unternehmen wie Tchibo-ideas, Lego Mindstorms und Ideastorm (Dell) haben sich als Methoden des Open-Innovation-Gedankens bewährt.

Der namhafte Hersteller Procter & Gamble (P&G) wird von Enkel (2009, S.179), Daecke (2009, S. 3), Soll (2006, S. 3) und Enkel/Gassmann/Chesbrough (2009, S. 312) als einer der Pioniere des Open-Innovation-Gedankens betitelt. Bereits im Jahr 2001 forderte der CEO Alan G. Lafley, dass bis zum Jahr 2008 50% aller Ideen und Produkte von außerhalb des Unternehmens stammen müssten (vgl. Füller/Pirker/Lenz 2012, S. 119). Im Jahre 2007 war dieses Ziel bereits erreicht (vgl. Clausen 2010, S. 185). P&G nutzt das volle Spektrum externer Quellen zur Ideengenerierung und lässt Ideen im Zuge des Outside-in-Prozesses von außerhalb in das Unternehmen fließen. Im Rahmen ihres „Connect+Develop"-Ansatzes nimmt P&G Ideen von Verbrauchern, Lieferanten, Forschungsinstituten, Handelspartnern oder Einzelerfindern auf (connect) und entwickelt diese dann intern weiter (develop) (vgl. Clausen 2010, S. 186).

Dell hat mit seiner Open-Innovation-Plattform „Idea Storm" aus insgesamt 21.169 beigetragenen Ideen bereits 548 Ideen für sich nutzen können (vgl. Dell, 2014). Henkels offenes Konzept namens „We borrow with Pride" impliziert eine starke Nutzung extern vorhandener Expertise anstatt interner Isolation (vgl. Enkel 2009, S. 179). Henkel investiert kontinuierlich in die Kundenintegration aufgrund der Überzeugung, dass die meisten Innovationen von Kunden generiert werden (vgl. Enkel 2009, S. 179). Bayer Material Science spricht in Netzwerktreffen mit Unternehmen anderer Industrien über Zukunftsthemen, BASF integriert externe Unternehmen in Kreativworkshops (vgl. Enkel 2009, S. 179f.) und 3M fordert zu Kooperations- und Innovationsbereitschaft sowie Innovationskultur mittels seiner Webauftritte www.zukunft-innovation.com und www.die-erfinder.com auf.

Daimler hat aus einer Idee ihrer Business-Innovation-Community das revolutionäre Carsharing-Konzept „Car2go" erschaffen und bietet mittlerweile 5500 Kleinwagen an zwölf europäischen Standorten mit minutengenauer Abrechnung zur Miete an. Der Mobilitätsanbieter „Moovel" ist eine weitere verwirklichte Idee aus der Daimler-Community und ist ein Spin-off von Daimler mit Leistungen von Mietfahrrädern, Mitfahrgelegenheiten und Car- sowie Parkplatz-Sharing. BMW forderte schon relativ früh externe Akteure auf ihre Ideen einzureichen, indem sie bereits 2001 ihre Virtual Innovation Agentur gründete. Mittlerweile existiert eine Co-Creation-Lab-Plattform, auf der

Autointeressierte aus aller Welt Ideen einreichen und Produkte und Dienstleistungen gemeinschaftlich verbessern können (vgl. BMW Creation-Lab 2014). Die Co-Creation-Lab-Plattform verfolgt das Crowd-Creation-Prinzip. Sie richtet sich an Kunden sowie potenzielle Fahrer der Marke, schafft durch ihre Einbindung ein besseres Kundenverständnis und erzeugt eine stärkere Kundennähe (vgl. Reichwald/Piller 2009a, S. 204). Bei einem Wettbewerb zur individuellen Gestaltung des Innenraums konnten Mitglieder ihre Ideen in verbaler Form einreichen und ihre Designvorstellungen mittels eines bereitgestellten Toolkits für Co-Design konfigurieren (vgl. Bilgram/Jawecki 2011 S. 63). Auch SMART suchte im Rahmen eines Designcontests neue Designs für das Fahrzeug, die von der Community entworfen und bewertet wurden (vgl. Majid 2010, S. 346).

In einem Ideenwettbewerb von Swarovski konnten die Nutzer mittels eines Toolkits für User Innovation verschiedenfarbige und -förmige Perlen zu einem Muster (Crystal Tattoo) zusammenstellen (vgl. Diener/Piller 2010, S. 92). In der Sportschuhindustrie gibt es kaum noch einen Hersteller, der sich nicht der Kundenintegration mittels Toolkits bedient (vgl. Reichwald/Piller 2009a, S. 195). Lego ermöglicht seinen Kunden durch ein bereitgestelltes Toolkit für User Innovation (Lego Digital Designer) die Konstruktion von neuen virtuellen Produkten und Legofiguren in seiner Lego Factory (vgl. Büttgen 2009, S. 62) und McDonald's lässt im Rahmen von Ideenwettbewerben neue Burger mittels Toolkits für Co-Design kreieren (vgl. Geise 2012, S. 72).

Neben der reinen Vermarktung der Innovation durch firmeneigene Distributionskanäle (outside-in) ermöglicht Chesbroughs Open-Innovation-Ansatz die Kommerzialisierung der Innovation auf alternativen Wegen in sogenannten Inside-out-Strategien (vgl. Chesbrough 2006a, S. 2f.). Zum einen ist eine Lizenzierung der Innovation durch Patente möglich, zum anderen kann die Innovation als Ableger, Spin-off oder Geschäftsmodell im Rahmen einer Existenzgründung umgesetzt werden (vgl. Chesbrough 2006a, S. 2f; Herzog 2011, S. 21). Der Grund für die Auslizenzierung ist meist, dass eine interne Exploitation keine Aussicht auf Erfolg hätte (vgl. Faber 2008, S. 37). Vanhaverbeke beschreibt dies wie folgt:

> „Unused technology can be licensed because companies in other markets might have a different business model and can use your technology which you are not using because it doesnt fit your corporate DNA“ (Vanhaverbeke 2009, S. 150).

Folglich ermöglicht der Inside-out-Ansatz Technologien und Wissen über Industriegrenzen hinaus strategisch einzubringen und somit Zugang zu neuen Geschäftsfeldern und Kooperationen mit branchenfremden Partnern zu erhalten (vgl. Ertl 2010, S. 69).

5.1 Die erfolgreiche Integration externer Akteure im Outside-in-Prozess

Im folgenden Abschnitt werden die bis dato weniger integrierten und „neuen“ externen Akteure aus der Praxis vorgestellt und drei Best-Practice-Beispiele für den Einsatz der Methoden von Open Innovation und Crowdsourcing behandelt. Externe Akteure werden auf unterschiedliche Art und Weise sowie Intensivität in die verschiedenen Phasen des Innovationsprozesses eingebunden. Durchschnittlich werden einer Studie mit 144 befragten unterschiedlich großen Unternehmen aus der Deutschland, der Schweiz und Österreich zufolge zu 78% Kunden, 61% Zulieferer und 49% staatliche und kommerzielle Forschungseinrichtungen als externe Wissensquelle genutzt (vgl. Enkel 2009, S. 181). Auffällig ist jedoch, dass in der Befragung eine große Zahl der externen Quellen (65%) nicht genauer spezifiziert wurde, sodass anzunehmen ist, dass es sich hierbei um externe Akteure wie potenzielle Kunden oder bisherige Nichtkunden, branchenfremde Experten oder Start-ups handelt (vgl. Enkel 2009, S. 181).

Branchenfremde Experten sind kompetente und erfahrene Fachkräfte, die aus einem spezialisierten Unternehmen eines anderen Bereiches oder einer anderen Branche stammen. Ein Kunde unterscheidet sich von einem Nichtkunden insofern, als der Kunde die Produkte des Unternehmens bereits kauft, kennt und nutzt. Ein Nichtkunde kann sowohl ein interessierter Nutzer von Open-Innovation- oder Crowdsourcing-Plattformen, ein potenzieller Kunde und/oder Ideengeber sein, der Bedürfnis- und Lösungsinformationen liefert. Nichtkunden können unter anderem auch Studenten sein, die durch ihre fortgeschrittene akademische Ausbildung bereits über Fachwissen aus einer Disziplin verfügen.

Mittlerweile existieren einige Beispiele des erfolgreichen Einsatzes und der Ergänzung durch Methoden von Open Innovation und Crowdsourcing zur Reduzierung oder sogar Eliminierung von Schwächen des Innovationsmanagements (Kapitel 3.4). Im folgenden Abschnitt wird die Integration drei beispielhafter Akteure ausgewählter Unternehmen im Detail erläutert. Dabei handelt es sich um branchenfremde Experten, Nichtkunden und Studenten.

Die Integration branchenfremder Experten bei Porsche

Als prominentes Beispiel für die Integration von branchenfremden Experten in den Innovationsprozess ist ein Pilotprojekt von Porsche zu nennen (vgl. Heismann 2010, S. 139ff.):

Im Rahmen des Projektes zum Thema Interaktion zwischen Mensch und Fahrzeug strebte Porsche eine Zusammenarbeit mit einem branchenfremden Experten an. Überraschend dabei war für Porsche, dass sich die größte Übereinstimmung bei einem Unternehmen der Medizintechnikbranche ergab, welches auf die Systemintegrationen in Operationssälen (OPs) spezialisiert war. Es wurde ein ganztägiger gemeinsamer

Ideenworkshop mit Führungskräften der beiden Kooperationspartner aus den Abteilungen F&E und Vertrieb durchgeführt. Grundlage zur Ideengenerierung im Rahmen des Workshops waren die Besichtigung des Demonstrations-OPs und die Vorführung des speziellen Touchscreen-Interaktionskonzeptes des Medizintechnikherstellers. Dann wurden Anforderungen der Chirurgen hinsichtlich des OPs unter Interaktionsgesichtspunkten in einer Gruppendiskussion erfasst. Auf Basis der Anforderungen identifizierte man entsprechende technische Funktionen, z.B. eine Kombination aus Miniaturkamera und Bildverarbeitungssoftware. Abschließend zu dieser Systemanalyse fasste man die gewonnenen Erkenntnisse über Anforderungen und Funktionen zu Gruppen ähnlicher Funktionalitäten zusammen. In einer Kreativitätsphase wurden daraufhin Ideen zum Übertragen der Technologien in das Automobil entwickelt. Diese Ideen wurden im Anschluss wiederum zu Gruppen zusammengefasst. Erfolgversprechende Ideen wurden durch die Fachbereiche Vorentwicklung beurteilt, die die Ergebnisse in zukünftige Innovationsvorhaben einfließen ließen. Das Open-Innovation-Projekt von Porsche war ein voller Erfolg und brachte unter anderem folgende Ideen hervor: „an die Fahrsituation angepasste Anzeigen ähnlich wie Touchscreens im OP, der Einsatz von Lichtkonzepten zur Konzentrationssteigerung sowie die Video-Dokumentation von Fahrten“ (Heismann 2010, S. 142).

Integration von Nichtkunden bei Kärcher

Für den Einbezug von Nichtkunden bei der Produktentwicklung in einem fremden internationalen Markt ist Kärcher als ein Best Practice zu nennen (vgl. Innosabi 2014, S. 2f.):

Das für seine Hochdruckreiniger bekannte Unternehmen konnte im Rahmen eines Crowd-Creation-Projektes über das Internet einen umfassenden Einblick in die Nutzungsgewohnheiten von Reinigungsgeräten von Japanern erlangen. In einem ersten Schritt wurden Bedürfnisinformationen erhoben, welche Oberflächen bevorzugt gereinigt werden („what needs to be cleaned?“), um in einem zweiten Schritt Lösungsinformationen zu konkreten Produkten zu erfragen („what function and tools are need to clean that?“). Darüber hinaus lieferte der Austausch über Bedürfnisse und gewünschte Funktionen unter den Teilnehmern zusätzliche Informationen. Das Projekt brachte ungewöhnliche Ergebnisse hervor, die nicht den typischen europäischen Nutzungsgewohnheiten entsprachen. So äußerten die Teilnehmer den Wunsch nach einem Hochdruckreiniger, der sich zum einen zur regelmäßigen Reinigung der für Japan typischen vollgefliesten Badezimmer eignet. Zum anderen konnte der Wunsch nach einem Reinigungsgerät von Holz ermittelt werden, welches Oberflächen schonend, aber effizient von Moos befreit. Besonders auffällig war die Einigkeit der Teilnehmer darüber, dass die Reinigungsgeräte sehr leise sein sollten, was die Initiatoren des Projektes auf die Wohnsituation in den oft dicht besiedelten japanischen Wohngebieten zurückführten.

Integration von Studenten bei Volkswagen

Auch Volkswagen nutzt Open-Innovation-Methoden, unter anderem Crowdsourcing, zur marktorientierten Neuproduktentwicklung in China und bindet Designstudenten in die kreative Umsetzung ausgewählter Ideen ein. Im Jahr 2011 rief Volkswagen die Website www.zaoche.ch ins Leben und führte einen zweijährigen Dialog mit interessierten Nutzern aus China über deren Vorstellung von Fahrzeuginnovationen der Zukunft durch. Das Projekt namens „The People's Car Project" übertraf alle Erwartungen, indem 14 Millionen Besucher der Website über 250.000 Fahrzeugideen kreierten (vgl. Volkswagen online). Als Ergebnis des Projektes hat Volkswagen im Rahmen eines Wettbewerbs zwischen „Automotive Design"-Studenten der Top-Universitäten Chinas unter Leitung des Volkswagen-Design-Teams aus 104 ausgewählten Ideen einen futuristischen Familien-Van mit innovativen Extras konzipiert (vgl. Volkswagen online). Volkswagen hat sich somit zu Beginn des Prozesses in der Ideengenerierung der Ideen einer breiten Masse an interessierten Nutzern bedient, die Masse der Ideen durch die Bewertung einer erfahrenen internen Jury gefiltert und die Umsetzung und Ausgestaltung der besten Ideen von kreativen Designstudenten in einer Wettbewerbssituation übernehmen lassen. Durch die Öffnung der Unternehmensgrenzen im Rahmen des mehrjährigen Open-Innovation-Projektes hat sich Volkswagen in den frühen Phasen des Innovationsprozesses die Reichweite des Internets zu Nutze gemacht und eine große Menge verschiedener Ideengeber eingebunden. Zur Ideenbewertung hat sich das Unternehmen größtenteils auf sein internes Know-how verlassen. In der Phase der Konzeptentwicklung und der Prototypenerstellung hat es die besten Designstudenten zur kreativen Umsetzung integriert und deren Motivation durch den Konkurrenzdruck im Rahmen der Methode des Wettbewerbs genutzt. Volkswagen hat in den letzten Jahren ihren Innovationsprozess neu ausgerichtet, nutzt Methoden des Open-Innovation-Ansatzes und wird diese auch in Zukunft weiter ausbauen (vgl. Müller 2010, S. 151f.). Der VW-Marketingchef Luca de Meo versichert: „Langfristig werden die Ergebnisse des People's Car Projects die Produktstrategie von Volkswagen beeinflussen" (Volkswagen 2012).

Abschlussbetrachtung der drei Beispiele

Bei den drei Beispielen Porsche, Kärcher und VW wird der Open Innovation-Ansatz zu unterschiedlichen Graden und in unterschiedlichen Phasen angewendet.

Bei Porsche wurde branchenfremdes Know-how mit Hilfe von Präsenzworkshops erhoben. Dies ist im weiten Sinne mit Präsenzworkshops im Rahmen der Lead-User-Methode zu vergleichen, wie in Kapitel 4.2 beschrieben. Das Internet wurde nur zur

Findung eines geeigneten Experten aus einer fremden Branche genutzt. Hier ist von einem Open-Innovation-Projekt unter Einsatz der Lead-User-Methode zu sprechen, bei dem die Phasen der Ideengenerierung und Konzepterstellung ohne weiteren Einsatz des Internets ausschließlich zwischen den Kooperationspartnern abläuft. Die Vielzahl innovativer Ideen hätte wahrscheinlich ohne den Zugriff auf das spezialisierte Fachwissen und die technische Erfahrung des Medizintechnikherstellers kaum oder nicht in dieser kurzen Zeit generiert werden können.

Hingegen basierte das Projekt von Kärcher auf dem Crowd-Creation-Prinzip und wurde komplett über das Internet abgewickelt. Eine Öffnung erfolgte durch die Integration einer großen Anzahl an Menschen in den Phasen der Ideengenerierung und Konzepterstellung über eine Internetplattform, die für jeden Internetnutzer zugänglich war. Kärcher ist ein gutes Beispiel dafür, die Präferenzen einer neuen kulturell fremden Zielgruppe zu erheben, ohne sich dabei auf Erfahrungswerte stützen zu können. Die befragte Zielgruppe von Nichtkunden eines ausländischen Marktes, Personen, die bisher nicht zu Kärchers Kunden zählten, dient Kärcher als neue Quelle für Bedürfnis- und Lösungsinformationen. Diese Informationen sind von hoher Relevanz für das Unternehmen, um Produkte zu entwickeln, die den Kundenbedürfnissen des neu zu erschließenden Marktes entsprechen.

> „[…] the company, was able to identify new needs and usage scenarios that had not been included in previous product development processes" (Innosabi, 2014, S. 2).

Reinigungsgeräte, die im europäischen Raum über einen Absatzmarkt verfügen, wären voraussichtlich mit den gleichen Eigenschaften auf dem japanischen Markt gefloppt.

Volkswagen setzte in einem zweijährigen Open-Innovation-Projekt einen Methodenmix aus Crowd Creation, Ideenwettbewerb und dem Lead-User-Ansatz ein. Im Rahmen des Projektes wurden die einzelnen Phasen des Innovationsprozesses partiell geöffnet. Die in der Phase der Ideengenerierung entwickelten Ideen der Crowd auf der Internetplattform wurden von einer internen Expertenjury bewertet, um die geeignetsten Vorschläge auszuwählen. Im Anschluss wurden trendbewusste und kreative Designstudenten in die Phase der Konzepterstellung integriert, um die besten Ideen im Rahmen eines wettbewerbsorientierten Workshops konzeptionell umzusetzen. Die Integration von externen Akteuren in einem wettbewerbsorientierten Präsenzworkshop basiert auf den Grundprinzipien der Lead-User-Workshops. Das Studententeam, welches mit seiner Konzeption überzeugen konnte, arbeitete im Anschluss eng als Lead-User mit einem internen Expertenteam in der Prototyp- und Produkterstellungsphase zusammen.

Die folgende Darstellung fasst die Integration der externen Akteure in die einzelnen Phasen des Innovationsprozesses der drei Unternehmen grafisch zusammen:

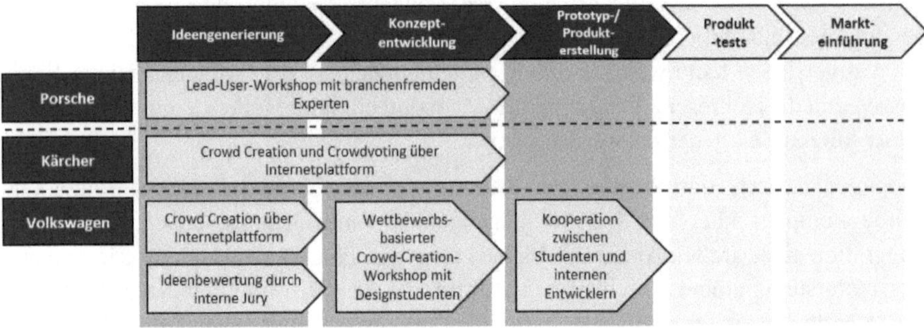

Abbildung 2: Integration externer Akteure in den Innovationsprozess; Quelle: Eigene Darstellung.

5.2 Nutzen und Risiken der Integration externer Akteure

Wie die Beispiele von Porsche, Kärcher und VW zeigen, bringt der Einsatz von Open-Innovation- und Crowdsourcing-Maßnahmen unterschiedliche Vorteile mit sich. Die drei Praxisbeispiele haben gemeinsam, dass sich der Kreis um bis dato weniger eingebundene Akteure vergrößert und sich dies positiv auf den Faktor der Innovativität bei der Produktentwicklung auswirkt. Sie folgen damit Chesbroughs Ansatz: „The best way to have a good idea is to have lots of ideas" (Chesbrough 2006b, S. 2). Durch die Erweiterung der Ideenbasis fließt eine Vielzahl innovativer Ideen in das Unternehmen ein, die im Anschluss in erfolgreiche Innovationen und neue Produkte transformiert werden können. Diese Vorgehensweise erhöht den sogenannten „New-to-Market", generiert somit neue originelle Produkte für den Markt. Des Weiteren wird durch die Integration externer Wissensquellen ein Nutzen in Form von verkürzten Entwicklungszeiten (Time-to-Market), Kostensenkungen (Cost-to-Market) sowie einer höheren Marktakzeptanz (Fit-to-Market) generiert (vgl. Müller 2010, S. 159). Zusätzlich wird das Risiko von Produktflops vermindert, denn bei der Produktentwicklung werden Kunden nicht mehr nur nach ihren Wünschen befragt, sondern liefern selber eine marktnahe Lösung (vgl. Reichwald/Piller 2009a, S. 1). Durch eine intensive Mitwirkung der späteren Abnehmer sollten neue Produkte den Kundenanforderungen besser entsprechen, die Misserfolgsquote substanziell senken (vgl. Pirker et al. 2010, S. 316) und somit Marktrisiken und Unsicherheiten reduzieren (vgl. Reichwald/Piller 2009a, S. 118). Jedoch sind trotz vieler Vorteile auch mögliche Risiken beim Einsatz dieser neuen Ansätze zu berücksichtigen, die im Laufe dieses Kapitels den Vorteilen gegenübergestellt werden.

5.2.1 Nutzen der Integration externer Akteure

Reduzierung der Time-to-Market

Die Time-to-Market beschreibt den Zeitraum vom Beginn der Entwicklung eines Produktes bis zu seiner Markteinführung. Die Reduzierung der Time-to-Market gewinnt durch sich kontinuierlich verkürzende Produktlebenszyklen zunehmend an Bedeutung (vgl. Reichwald/Piller 2009a, S. 173) und wird zum entscheidenden Wettbewerbsvorteil für Unternehmen (vgl. Ili 2010b, S. 411). Unternehmen, die die Zeit zur Einführung des Produktes verkürzen, können ihr Produkt zeitlich vor der Konkurrenz am Markt anbieten und haben somit bessere Chancen, höhere Marktanteile zu generieren und Eintrittsbarrieren für Konkurrenten aufzubauen (vgl. Vollmann/Lindemann/Hubert 2012, S. 19; Reichwald/Piller 2009a, S. 173). Denn ein früherer Markteintritt schafft Vorteile hinsichtlich der Erfahrungskurve (Learning Curve) und erzeugt eine positive Reputation als Innovationsführer (vgl. Reichwald/Piller 2009a, S. 173). Folglich können diese Unternehmen kurzfristig eine Art Marktmonopol und Alleinstellungsmerkmal aufbauen (vgl. Ili 2010b, S. 411). Im Speziellen internetbasierte Open-Innovation-Ansätze, Crowdsourcing und ihre Instrumente wie Interaktionsplattformen tragen nach den Studien von Ihlenburg maßgeblich zu einem früheren Markteintritt bei (vgl. Ihlenburg 2012, S. 32). Der Einsatz dieser Instrumente beschleunigt insbesondere die Phase der Ideengenerierung und der Konzeptentwicklung (Fuzzy Front End), da eine Lösungsidee meist schneller, kostengünstiger und effektiver als im geschlossenen Ansatz gefunden wird (vgl. Gassmann 2013, S. 17). Dazu erhöhen sie den Markterfolg und reduzieren Flopraten (vgl. Ihlenburg 2012, S. 32), was die Gesamtkosten der Produktentwicklung, die „Cost-to-Market“, reduziert.

Reduzierung der Cost-to-Market

Die Cost-to-Market bezeichnen die gesamten für die Entwicklung eines Produktes während des Innovationsprozesses angefallenen Kosten (vgl. Reichwald/Piller 2009a, S. 174). Der Konflikt zwischen Innovationsanspruch und Mittelknappheit erhöht angesichts globaler Märkte und Lohndumping den Druck auf Unternehmen, ihre Ressourcen effizient einzusetzen (vgl. PwC 2013, S. 11). Unter Berücksichtigung der Studienergebnisse von PwC, die besagen, dass bei den teilnehmenden deutschen Unternehmen im Durchschnitt nur 7% ihres Gesamtumsatzes in Innovationen fließen (vgl. PwC 2013, S. 11), sind Open-Innovation-Methoden eine attraktive Option, Ressourcen einzusparen und ihre Prozesse effizienter zu gestalten. Denn eine kürzere Ressourcenbelegung durch verkürzte Entwicklungszeiten bringt Unternehmen einen deutlichen Kostenvorteil (vgl. Ili 2010b, S. 411).

Zwei Faktoren beeinflussen die Effizienz des Prozess durch Open-Innovation-Maßnahmen maßgeblich: die Erweiterung des Suchradius und die Arbeitsteilung. Denn durch die uneingeschränkte Reichweite des Internets wird der Suchradius erweitert und die Anzahl und die Heterogenität der Ideengeber vergrößert sich. Durch diese Erweiterung des Wissens- und Kompetenzpools wird sowohl die Ideengenerierung beschleunigt als auch die Wahrscheinlichkeit zur Lösungsfindung eines bisher ungelösten Problems erhöht. Da es sich hier um die Ideengenerierung oder Problemlösung handelt, kommt diese Effizienzsteigerung in der Fuzzy-Front-End-Phase zum Tragen. Des Weiteren ist die Arbeitsteilung zur Erhöhung der Effizienz zu nennen (vgl. Vollmann/ Lindemann/Hubert 2012, S. 20). Die Methode der Arbeitsteilung ist mit dem Prinzipien des Taylorismus zu vergleichen, der das Ziel verfolgt, die Produktivität durch Teilung der Aufgaben in kleinere Einheiten zu erhöhen (vgl. Leimeister/Zogaj 2013, S. 36). Im Rahmen des Crowd-Creation-Ansatzes optimieren mehrere Personen eine Idee gemeinsam, wodurch es zu Zeiteinsparungen kommt. Beispielsweise verbessert eine Person die anfängliche Idee eines Urhebers und eine weitere Person verfügt über die Kompetenz, diese konzeptionell umzusetzen. Es findet also eine automatische Allokation der Ressourcen und Aufgaben statt, da sich die Individuen der Crowd der Aufgaben annehmen, die ihren Fähig- und Fertigkeiten (bzw. ihrem Kompetenzbereich) entsprechen.

Durch die gezielte Einbindung von externen Akteuren kann insbesondere von einer Reduzierung der Entwicklungskosten sowie sinkenden Transaktionskosten ausgegangen werden, da z.B. der Aufwand der Informationssammlung in der Marktforschung reduziert wird (vgl. Reckenfelderbäumer 2009, S. 230). Gassmann stellt heraus, dass die Kosten eines internen Innovationsprojektes weit über denen liegen, die beispielsweise der Einsatz von Crowdsourcing verursacht (vgl. Gassmann 2013, S. 18).

Steigerung des Fit-to-Market

Der Fit-to-Market ist die Steigerung der Marktakzeptanz eines neuen Produktes im Sinne einer positiven Kaufeinstellung der Nachfrager (vgl. Reichwald/Piller, 2009a S. 172). Ist eine Innovation dafür geeignet, existierende Marktbedürfnisse zu befriedigen, spricht man von einer hohen Marktakzeptanz (vgl. Reichwald/Piller 2009a, S. 175). Die Kunden sind zufrieden mit dem Produkt, was aus dem Fit oder besser gesagt der Übereinstimmung von Produkteigenschaften und ihren Bedürfnissen resultiert (vgl. Vollmann/Lindemann/Hubert 2012, S. 22). Die Voraussetzung für einen hohen Fit-to-Market ist folglich, dass die Bedürfnisinformationen der Kunden bekannt sind und in ein passendes Leistungsangebot (Produkt) überführt werden können (vgl. Reichwald/ Piller 2009a, S. 175). Je hochwertiger die Bedürfnisinformationen sind, desto größer ist die Chance, diese in ein den Bedürfnissen entsprechendes Produkt zu transferieren. Haben beispielsweise Kunden die Idee für Produkte geliefert, ist die Wahrscheinlichkeit der Marktakzeptanz für diese Innovationen meist höher als bei Innovationen, die ohne Einbindung des Kunden aus der internen F&E-Abteilung stammen (vgl. Büttgen

2009, S. 56). Mit klassischen Methoden der Marktforschung ist es zum einen schwierig, Bedürfnisinformationen aufgrund ihrer „stickyness" zu erheben und zum anderen mit einem hohen Zeit- und Kostenaufwand verbunden (vgl. Bruhn/Stauss 2009, S. 18).

Zusätzlich behandeln klassische Methoden der Erhebung von Bedürfnisinformationen Kunden und deren Präferenzen oft als statische Durchschnittsgröße (vgl. Reichwald/ Piller 2009a, S. 309). Da das Integrationspotenzial von Kunden und externen Akteuren von einer Bereitstellung von Bedürfnisinformationen bis hin zur kompletten Neukonzeption von Innovationen reicht (vgl. Bruhn/Stauss 2009, S. 18), führt ihre Integration zur Steigerung der Marktakzeptanz (vgl. Reichwald/Piller 2009a, S. 175). Denn neben einem höheren Fit neuer Produkte durch die Erhebung von Bedürfnisinformationen liefert die Einbindung externer Akteure ebenfalls Lösungsinformationen durch die Entwicklung von ausgereiften Produktkonzepten. Ein höherer Fit-to-Market kann somit die Floprate von Produkten reduzieren (vgl. Reichwald/Piller 2009a, S. 54). Durch die Mitwirkung der späteren Abnehmer werden Kundenanforderungen bei der Produktentwicklung berücksichtigt, mit dem Ziel, die Flopraten substanziell zu senken (vgl. Pirker et al. 2010, S. 315). Der Trial-and-Error-Prozess wird auf einer Internetplattform (intermediär/unternehmenseigen) auf Seiten des Kunden oder interessierten Nutzers angestoßen und läuft so lange iterativ ab, bis sich diese der optimalen Lösung angenähert haben (vgl. Reichwald/Piller 2009a, S. 174). Wird eine Lösung im Anschluss durch eine Vielzahl von Personen durch Crowdvoting als positiv bewertet, gibt dies zusätzlich einen Eindruck über das Erfolgspotenzial der Lösung und deren Marktakzeptanz.

Steigerung des New-to-Market

Der New-to-Market bezeichnet die „Steigerung des durch die Nachfrager wahrgenommenen Neuigkeitsgrades einer Innovation und damit der Attraktivität des entsprechenden Produktes" (Reichwald/Piller 2009a, S. 173). Der klassische Prozess bringt vor allem inkrementelle Innovationen hervor (vgl. Reichwald/Piller 2009a, S. 176). Bei inkrementellen Innovationen orientieren sich Unternehmen meist an vorhandenem Wissen oder Lösungen, was den geringen Neuigkeitsgrad erklärt (vgl. Vollmann/ Lindemann/Hubert 2012, S. 22). Um also neue Produkte für den Markt zu kreieren, müssen radikale Innovationen hervorgebracht werden. Innovationen von Kunden oder Anwendern im Rahmen von Open-Innovation-Methoden sind eher „funktional neue Innovationen" (Reichwald/Piller 2009a, S. 176), da diese anstreben ihre unbefriedigten Bedürfnisse durch eigene Lösungen zu stillen (vgl. Vollmann/Linde/Hubert 2012, S. 22). Sie verfügen folglich über einen höheren New-to-Market.

Weitere Synergieeffekte

Neben den oben genannten Vorteilen sind weitere Synergieeffekte durch den Einsatz der Methoden von Open Innovation und Crowdsourcing zu nennen. Da beispielsweise Crowdsourcing ein junges Innovationsinstrument ist und eine breite Masse an Menschen einbezieht, kann es die Reputation des Unternehmens steigern, indem sein Einsatz nach außen hin Innovativität signalisiert (vgl. Gassmann 2013, S. 17). Im Gegensatz zur Werbung, die Innovativität nur suggeriert, zeigt der Einsatz von Crowdsourcing Innovativität praktisch auf (vgl. Gassmann 2013, S. 17). Dies kann einen positiven Effekt auf junge Talente haben und innovativen Unternehmen einen Vorteil im Wettbewerb um qualifizierte Fachkräfte schaffen. Auch die Zusammenarbeit mit Universitäten ermöglicht einen Zugang zu qualifiziertem Personal (vgl. Ili/Albers 2010, S. 46). Open Innovation und Crowdsourcing helfen Betriebsblindheit zu überwinden (vgl. Ili/Albers 2010, S. 46), die aufgrund der strikten Einhaltung von routinierten Lösungswegen verursacht wird (vgl. Gassmann 2013, S. 17). In vielen Fällen wirken Lösungen im Nachhinein profan, auf die Unternehmen jedoch aufgrund ihres üblichen Branchendenkens zuvor nicht gekommen sind (vgl. Gassmann 2013, S. 18). Dazu kommt eine erhöhte Flexibilisierung, da Unternehmen internetbasierte Open-Innovation-Methoden wie Internetplattformen bedarfsorientiert nutzen können und auch kurzfristig bestimmte Aufgaben an eine Community (Crowd) outsourcen können (vgl. Leimeister/Zogaj 2013, S. 56). Dies ist gerade bei den einleitend erwähnten komplexen Marktbedingungen von Vorteil, da Unternehmen auf Veränderungen schneller reagieren können. Interne Mitarbeiter aus verschiedenen Bereichen des Unternehmens hätten dann beispielsweise bei erhöhtem Arbeitsaufkommen mehr Zeit für Kernaufgaben, da die administrativen Aufgaben kurzfristig ausgelagert werden können (vgl. Leimeister/Zogaj 2013, S. 82).

5.2.2 Risiken der Integration externer Akteure

Der Abfluss von Wissen kann als das Hauptbedenken und meist geäußertes Risiko von Unternehmen beim Einsatz von Open-Innovation-Strategien bezeichnet werden. Prandl (2014, S. 22) identifiziert bei der Durchsicht von Untersuchungen zu den Risiken von Open Innovation, dass besonders die Angst vor Abfluss von Know-how zu anderen Unternehmen und die Open-Innovation-Partnerauswahl die Hauptrisiken für Unternehmen bilden. Ihlenburg (2012, S. 204) stellt in seinen Studien zu Interaktionsplattformen im Internet fest, dass Unternehmen die Gefahr des Abflusses wettbewerbsrelevanten Wissens mit der Teilnahme an einer Interaktionsplattform zögern lässt. Auch Enkel (2009, S. 187f.) nennt den Wissensabfluss als eines der Hauptrisiken, welche den Verlust von Wettbewerbsvorteilen zur Folge haben können. Im Crowdsourcing-Report 2012 wird die Verletzung von geistigem Eigentum (Intellectual Property

Rights) als Sorge im Hinblick auf offene Prozesse genannt (vgl. Pelzer/Wenzlaff/ Eisfeld-Jeschke 2012, S. 53).

Enkel (2009, S. 187f.) identifiziert im Rahmen einer Durchsicht verschiedener Studien folgende Risiken für den Einsatz von Open-Innovation-Methoden im B2B-Bereich oder anders gesagt für die Kooperation von zwei Unternehmen:

Das Risiko des Wissensabflusses führt zum Risiko des Verlustes von geistigem Eigentum. Wird eine Idee oder Innovation beispielsweise von mehreren Parteien gemeinsam entwickelt, stellt sich die Frage, wem das geistige Eigentum zugesprochen wird. Des Weiteren erhöht die Integration von Kooperationspartnern zunächst die Komplexität, da die organisatorischen Abläufe von der üblichen Routine abweichen. Dies kann unter anderem Hindernisse und Konflikte bei der Belegschaft sowie das bereits erwähnte Not-invented-here-Syndrom hervorrufen. Entwickeln Kooperationspartner gemeinsam neue Produkte, birgt dies zusätzlich das Risiko, dass sich die Produkte der Entwicklungspartner sehr ähneln, sodass von einer mangelnden Differenzierung zur Konkurrenz zu sprechen ist. Weiterhin ist die falsche Partnerauswahl ein Risikofaktor, denn dies gelangt oftmals erst im Laufe der Kooperation zum Vorschein. Dazu kommen steigende Koordinationskosten und mögliche Interessenkonflikte.

Weitere Risiken im B2B-Bereich liefern Enkel/Gassmann/Chesbrough (2009, S. 312) aus einer Untersuchung von 107 europäischen Firmen aller Größen: Wissensabfluss (48%), höhere Kosten der Koordination (48%), Schwierigkeiten beim Finden des richtigen Kooperationspartners (43%), Kontrollverlust und erhöhte Komplexität (41%) sowie Unausgeglichenheit zwischen Open Innovation und Tagesgeschäft (36%).

Im B2C-Bereich haben Unternehmen im Speziellen im Konsumgüterbereich Probleme, die richtigen Open-Innovation-Partner in Form von Konsumenten zu finden, die bereit sind relevantes Wissen zur Verfügung zu stellen (vgl. Prandl 2014, S. 22). Eine Möglichkeit bietet das Internet, wie beispielsweise der Einsatz von Internetplattformen (siehe Kapitel 7.1). Doch die Integration von internetbasierten Methoden von Open Innovation und Crowdsourcing ist kein Garant für den Erfolg. Bleiben die erwarteten Ergebnisse eines Open-Innovation-Projektes schlichtweg aus, war das Open-Innovation-Projekt möglicherweise eine Fehlinvestition (vgl. Enkel 2009, S. 187). Zwar sind die Kosten, die das Crowdsourcing an sich verursacht, im Verhältnis zu den Gesamtkosten eines Innovationsprojektes eher gering (vgl. Gassmann 2013, S. 18), jedoch werden interne Ressourcen wie Finanzmittel, Personal und Zeit im Anschluss an die Crowdsourcing-Maßnahme in Anspruch genommen. Folglich sind die Gesamtkosten des Projektes zu kalkulieren, wie die Bewertung und Umsetzung der im Zuge von Crowdsourcing generierten Ideen und Lösungen und deren Einbettung in den organisatorischen Kontext des Unternehmens (vgl. Gassmann 2013, S. 18). Somit ist es wichtig, den Open-Innovation-Ansatz und Crowdsourcing als ganzheitliche Strategien (vgl.

PwC 2013, S. 16) und nicht als Einzelaktionen zu sehen, damit die personellen Ressourcen und finanziellen Mittel ausreichend zur Verfügung stehen (vgl. Gassmann 2013, S. 18).

Die Innovationsentwicklung wird meist für den operativen Bereich oder das Tagesgeschäft als irrelevant empfunden und bleibt somit weitgehend unberücksichtigt (vgl. Stern/Jaberg 2010, S. 26). Werden nicht ausreichend Mitarbeiter für das Innovationsvorhaben vom Tagesgeschäft freigestellt, z.B. in einem Innovationsprojektteam, laufen Unternehmen Gefahr, innovative Ideen aufgrund von gebundenen personellen Ressourcen nicht umsetzen zu können. Jedoch kann ein zu starker Fokus auf die Integration von externen Akteuren von den Kernkompetenzen des Unternehmens ablenken, da die intensive Integration oft mit einem erhöhten Bedarf an zeitlichen und anderen Ressourcen verbunden ist (vgl. Pikkemaat/Weiermair 2009, S. 161). Das Problem ist folglich, ein Gleichgewicht zwischen Kreativitätsphasen mit konstruktivem Freiraum und gewissen Regelungen zur Vermeidung von Zeit- und Ressourcenverschwendung zu finden (vgl. Stern/Jaberg 2010, S. 133). Diese Problematik der richtigen Ressourcenallokation wird in der Literatur als „Attention-Allocation-Problem“ bezeichnet (vgl. Ili/ Albers 2010, S. 51).

Obwohl die Integration einer großen Masse an Ideengebern die Anzahl an Ideen und die Wahrscheinlichkeit des Erfolges der Ideenfindung erhöht, müssen Unternehmen die große Anzahl an Ideen bewerten und aufnehmen können. Cohen und Levinthal (1990, S. 128) sprechen dabei von „Absorptive Capacity“: „[...] the ability of a firm to recognize the value of new, external information, assimilate it, and apply it to commercial ends is critical to it´s innovative capacity“. Um gute Ideen zu erkennen und bewerten zu können, müssen sowohl kognitive Kompetenzen und Erfahrungen als auch organisatorische Strukturen innerhalb des absorbierenden Unternehmens gegeben sein (vgl. Ili/Albers 2010, S. 47f.). Werden gute Ideen weder erkannt noch zeitnah umgesetzt, kann dies zum Verlust potenziell erfolgreicher Innovationen und zu hohen Opportunitätskosten führen. Im Bereich der Bewertung von Ideenmaterial existieren mittlerweile aus der Kreativitätsforschung etablierte Methoden zur Bewertung von Kreativleistungen (vgl. Diener/Piller 2010, S. 90f.) sowie verlässliche Aussagen über Größe und Besetzung der Expertenjury (vgl. Reichwald/Piller 2009a, S. 204). Hier kann jedoch das Attention-Allocation-Problem ebenfalls auftreten, indem durch die große Anzahl von Ideen nicht mehr ausreichend Zeit zur intensiven Bewertung und kreativen Interpretation zur Verfügung steht (vgl. Ili/Albers 2010, S. 51). Die Methode des Crowdvotings durch externe Akteure auf Internetplattformen kann beispielsweise als eine Vorbewertung von Ideen herangezogen werden. Jedoch kann auch bei dieser Vorgehensweise nicht davon ausgegangen werden, dass eine positive Bewertung der Idee auf der Website durch die Crowd auch eine Innovation hervorbringt, die realisiert werden kann, die der Marktnachfrage entspricht und die letztendlich erfolgreich kommerzialisierbar ist. Zusätzlich zu diesen beiden Problemen der Absorption von Ideen und deren Bewertung ist das „Timing-Problem" zu nennen (Ili/Albers 2010, S. 51). Teilweise bleiben potenziell gute Ideen unbeachtet oder werden ausselektiert, da sie zum gegenwärtigen Zeitpunkt nicht erfolgversprechend sind. Weiter treten Innovationsideen zum Teil zur falschen Zeit am falschen Ort auf, sodass ihr Potenzial nicht voll ausgeschöpft wird (vgl. Ili/Albers 2010, S. 51).

6 Die Einsatzbereiche des Internets bei Open Innovation und Crowdsourcing

Damit ein Unternehmen von der Expertise seiner Umwelt profitieren kann, braucht es Fähigkeiten und Methoden zur Integration und Anwendung von externem Wissen in Bezug auf Innovationen (vgl. Enkel 2009, S. 186). Internetbasierte Formen des Open-Innovation-Ansatzes sowie die Ausprägungen von Crowdsourcing, im Speziellen Internetplattformen, bieten Einsatzmöglichkeiten, um den Nutzen der neuen Ansätze zu erschließen und die Risiken zu reduzieren oder ganz zu eliminieren.

6.1 Die Bedeutung des Internets im B2B- und B2C-Bereich

Innerhalb von zwanzig Jahren hat sich das Internet von einem Privileg für wenige zu einem Instrument für jedermann entwickelt und weite Teile der Geschäftswelt verändert (vgl. IW 2011, S. 6). Die Hälfte aller deutschen Unternehmen ist heute in hohem Maße auf das Internet angewiesen (vgl. IW 2011, S. 5). Durch seinen Einsatz haben sich Geschäftsprozesse in der Wirtschaft verändert und teils völlig neue Geschäftsmodelle entwickelt, sodass das Internet als Innovationstreiber charakterisiert wird (vgl. IW 2011, S. 6ff.).

Im B2B-Bereich kooperieren internationale Unternehmen branchenübergreifend miteinander und schaffen eine Win-win-Situation durch den Austausch ihres Fachwissens und ihrer Expertise. Die Ergebnisse einer Studie „Wirtschaft digitalisiert" des Instituts der deutschen Wirtschaft und BITKOM aus dem Jahre 2011 geben Aufschluss über die zunehmende Bedeutung der Vernetzung von Wirtschaft und Internet. Bei Kooperationen zwischen Unternehmen aus Deutschland im B2B-Bereich spielt das Internet bei 97% eine zentrale Rolle, bei 55% eine wichtige und nur bei 16% eine untergeordnete Rolle (vgl. IW 2011, S. 19). Im B2C-Bereich ermöglicht die Interaktion über das Netz eine zuvor nie dagewesene Kundennähe sowie Kundenintegration auf internationalen Märkten, wie im Beispiel von Kärcher (Kapitel 5.1) aufgezeigt wurde, denn räumliche Distanz spielt kaum noch eine Rolle. Dies bestätigen wiederum weitere Ergebnisse indem Unternehmen angeben, dass das Internet bei der Kundenansprache für 93% eine zentrale, für 45% eine wichtige und nur für 9% eine untergeordnete Rolle spielt (vgl. IW 2011, S. 17). Ein für den Bezugsrahmen dieses Buches bedeutungsvolles Ergebnis zeigt die Untersuchung zu wertschöpfenden Aktivitäten im Sinne des Open-Innovation-Ansatzes. Unternehmen der Studie geben an, dass ein Großteil der wertschöpfenden Aktivitäten vom Internet abhängt. Folglich spielt das Internet hinsichtlich der Wertschöpfung für 85% eine zentrale, für 21% eine wichtige und nur für 1% eine untergeordnete Rolle (vgl. IW 2011, S. 22).

Im B2C-Bereich hat sich im Internet vor allem Crowdsourcing etabliert. Es wird mittlerweile in nahezu allen Wertschöpfungsaktivitäten eingesetzt (vgl. Leimeister/Zogaj 2013, S. 5). Der Internetnutzer ist nicht mehr nur ein Konsument von Produkten und Informationen, sondern wandelt sich immer mehr zu einem Produzenten mittels Web-2.0-Anwendungen (vgl. Büttgen 2009, S. 57). Insbesondere diese Web-2.0-Anwedungen fördern die Vernetzung von Internetnutzern und somit die Entstehung und Etablierung von Crowdsourcing-Communitys (vgl. Pelzer/Wenzlaff/Eisfeld-Jeschke 2012, S. 12). Das Internet wird immer mehr zum Raum der Selbstdarstellung und Selbstverwirklichung für Menschen, indem sie sich nicht mehr nur informieren, miteinander kommunizieren und Inhalte konsumieren, sondern etwas Neues schaffen und sich selbst verwirklichen wollen (vgl. Uehleke 2006). Obwohl extrinsische Faktoren wie monetäre Anreize Menschen zur Ideengenerierung und Teilnahme an Wettbewerben und Crowdsourcing-Communitys veranlassen, sind intrinsische Anreize wie das Interaktionserlebnis und die Anerkennung durch andere Personen meist gleichbedeutend (vgl. Reichwald/Piller 2009a, S. 88). Hauptmotivatoren intrinsischer Natur sind die Freude an der Arbeit in der Crowd, der soziale Austausch, die Weiterentwicklung der eigenen Fähig- und Fertigkeiten, die Anerkennung sowie das Selbstmarketing (vgl. Leimeister/Zogaj 2013, S. 70ff.). Auch zahlreiche Studien belegen, dass immer mehr Internetnutzer sogar autonom und unabhängig von Herstellerunternehmen innovativ tätig sind (vgl. Hüner 2013, S. 7).

Durch Web 2.0-Anwedungen entwickelt sich das Internet immer mehr zu einem „Mitmach-Netz“ (vgl. Lockhorn 2009, S. 2). In der heutigen Zeit werden weltweit pro Sekunde zwei Blogs gegründet, 30 Domains registriert, 5,3 Millionen Sofortnachrichten verschickt (vgl. Gassmann 2013, S. 17) und 4.500 Google-Suchanfragen gestartet (vgl. Chip online 2014). Im Februar 2014 nutzten über 40 Millionen Menschen in Deutschland ein Smartphone mit Internetzugang (vgl. Statista 2014). Die Anzahl an Smartphone-Nutzern, die täglich mobil mit dem Internet verbunden sind und jederzeit Zugriff auf weltweite Informationen haben, hat sich von 2009 bis 2014 mehr als versechsfacht (vgl. Statista 2014). Menschen teilen ihre Meinungen und ihr Wissen in Weblogs und Communitys, veröffentlichen ihre Fotos und Videos in Social Media und generieren damit „User Generated Content“ (vgl. Büttgen 2009, S. 57). Social Media wie YouTube, Twitter, Facebook sowie verwandte Plattformen enthalten, verbreiten und konservieren zunehmend Meinungen über Marken und Produkte und zählen als Quelle für Ideen und „User Generated Content“. Über das Internet und im Speziellen Social

Media können Unternehmen rasch eine große Anzahl an Personen erreichen und virale Effekte für die Verbreitung von Innovationen nutzen (vgl. Geise 2012, S. 64). Durch diese katalysatorischen sowie multiplizierenden Effekte können Innovationen, neue Produkte und Markttrends innerhalb weniger Wochen weltweit bekannt werden (vgl. Stern/Jaberg 2010, S3).

Ende 2014 werden laut der International Telecommunication Union (ITU) weltweit ca. 3 Milliarden Menschen das Internet nutzen, was rund 40% der Weltbevölkerung entspricht (vgl. Wolfensberger 2014). Es ist anzunehmen, dass diese Entwicklung die oben genannten Effekte verstärken wird. Der „User Generated Content" wird stetig zunehmen und immer mehr Menschen werden in neuen Open-Innovation-Ansätzen wie dem Crowdsourcing und seinen Ausprägungen (Crowd Creation, Crowdvoting, Crowdfunding, Microworking) partizipieren. Für Unternehmen gilt es dieses Potenzial hinsichtlich Innovationsentwicklung und -vermarktung durch diese Crowdsourcing-Ausprägungen und das Internet auszuschöpfen. Es stellt sich die Frage, wie sich radikales externes Wissen mit bestehender Routine kombinieren lässt (vgl. Stern 2010, S. 203) und wie externes Wissen erfolgreich über das Internet absorbiert werden kann. Ob junges Start-up oder namhafter Konzern, Unternehmen benötigen geeignete Strukturen, Kompetenzen und Mechanismen, um Ideen aus Crowdsourcing absorbieren zu können (vgl. Blohm 2013, S. 1). Eine Lösung bieten die verschiedenen Formen von Internetplattformen, die meist einen idealtypischen Crowdsourcing-Prozess nutzen, der Gegenstand des nächsten Abschnittes ist.

6.2 Der Prozess des Crowdsourcings mittels Internetplattformen

Zentrale Herausforderungen beim Einsatz von internetbasierten Open-Innovation- oder Crowdsourcing-Methoden sind die Planung, Steuerung, Implementierung und Kontrolle aller beitragenden Aktivitäten auf den Plattformen (vgl. Leimeister/Zogaj 2013, S. 35). Leimeister/Zogaj (2013, S. 37ff.) geben einen idealtypischen Crowdsourcing-Prozess vor und unterteilen diesen in die fünf Phasen Konkretisierung der Aufgabe, Auswahl der Crowdsourcees (Beitragenden), Aufgabenabwicklung, Aggregation und Auswahl der Lösungen und Vergütung. Dieser Ablauf des Crowdsourcing-Prozesses mittels Internetplattformen wird in Abbildung 3 dargestellt.

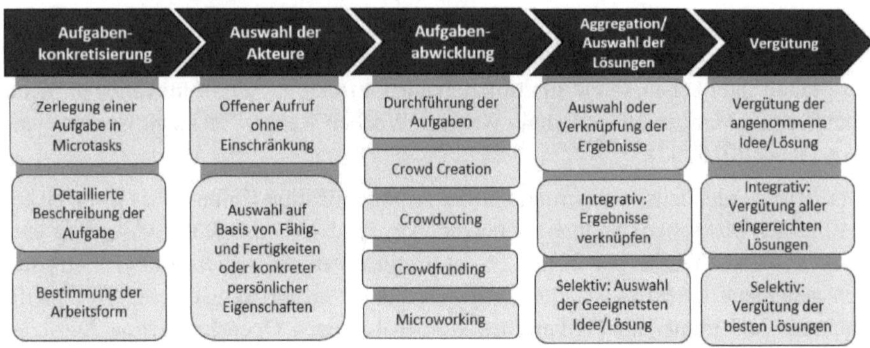

Abbildung 3: Prozess des Crowdsourcings auf Internetplattformen; Quelle: Eigene Darstellung in Anlehnung an Leimeister/Zogaj (2013, S. 41).

Aufgabenkonkretisierung

Zunächst wird die Aufgabe oder das Problem definiert, wobei es hier auf die Konkretisierung der Aufgabe, ihre detaillierte Beschreibung und die richtige Zerlegung in Teilaufgaben ankommt (vgl. Leimeister/Zogaj 2013, S. 37). Diese Aspekte bilden die Grundvoraussetzung, um die Qualität der Ideen, Ergebnisse und Lösungen des Crowdsourcings sicherzustellen. Denn wie schon bei den Risiken (Kapitel 5.2.2) festgestellt werden konnte, kann sich ein Innovationsprojekt unter Einsatz von Open-Innovation-Ansätzen als eine Fehlinvestition herausstellen, sobald die erwarteten Ergebnisse ausbleiben. Die Sicherstellung qualitativ hochwertiger und verwendbarer Ergebnisse wird nach Diener/Piller (2010, S. 106) durch zwei zentrale Steuerungsmechanismen beeinflusst:

Erstens kann schon zuvor eine Kontrolle beim Zugang zu einer Open-Innovation-Plattform stattfinden. Entweder steht die Plattform allen potenziellen Akteuren offen oder diese müssen spezielle Anforderungen besitzen, um Teil des Kompetenz- und Wissenspools zu werden. Zweitens können externe Akteure, die bereits Mitglieder einer Plattform sind, entweder anhand spezieller Anforderungen projektspezifisch durch das Unternehmen ausgewählt und zur Mitwirkung eingeladen werden (Lead-User-Ansatz) oder im Rahmen eines offenen Aufrufes selber entscheiden (Selbstselektion), ob sie an der Aufgabenstellung, Problemlösung oder Produktentwicklung usw. teilnehmen.

Vorauswahl der Beitragenden

Diese Vorauswahl der Beitragenden oder Akteure kann nach Geiger et al. (2011, S. 6) qualifikationsbasiert oder kontextspezifisch gestaltet werden. Bei der qualifikationsbasierten Auswahl werden die Akteure auf Grundlage ihrer Fähigkeiten und Fertigkeiten ausgewählt, wie zum Beispiel eine Selektion der Akteure nach deren Mindestanzahl erfolgreich abgeschlossener Crowd-Creation-Projekte (vgl. Leimeister/Zogaj 2013, S. 38). Bei der kontextspezifischen Auswahl bilden die persönlichen Eigenschaften des Akteurs die Basis für die Auswahl, wie zum Beispiel das Alter oder die produktspezifische Erfahrung (vgl. Leimeister/Zogaj 2013, S. 38f.). Im Fall eines offenen Aufrufes kann jedes Mitglied der Plattform als Akteur zur Lösung der Aufgabe beitragen (vgl. Leimeister/Zogaj 2013, S. 39). Diese Vorgehensweise hat sich etabliert, da nur so Zugang zu einer Vielzahl von oft stark diversifizierten Fähigkeiten der Community gewährleistet wird (vgl. Leimeister/Zogaj 2013, S. 39).

Aufgabenabwicklung

Die Aufgabenabwicklung und Aktivitäten auf der Plattform sind abhängig von der festgelegten Arbeits- oder Ausprägungsform des Crowdsourcings, sprich, ob es sich um Crowd Creation, Crowdvoting, Crowdfunding oder Microworking handelt (vgl. Leimeister/Zogaj 2013, S. 39). Die Aktivitäten der unterschiedlichen Plattformen sind Gegenstand des weiteren Verlaufs dieses Kapitels (Abschnitt 6.3).

Aggregation und Auswahl der Ergebnisse

Bei der Aggregation und Auswahl der Resultate, die im Rahmen der Aufgabenabwicklung generiert wurden, werden verschiedene Mechanismen angewendet. Im Rahmen von Crowd Creation existieren der wettbewerbsbasierte und der zusammenarbeitsbasierte Ansatz. Beim wettbewerbsbasierten Ansatz arbeiten die Akteure meist unabhängig voneinander, hingegen findet beim zusammenarbeitsorientierten Ansatz eine Kollaboration zwischen den Akteuren statt (vgl. Leimeister/Zogaj 2013, S. 63). Bei beiden Ansätzen werden die besten Ideen, Lösungen oder Entwürfe anhand von festgelegten Kriterien im Zuge einer Bewertung ausgewählt. Beim Microworking, bei dem die Zerlegung einer großen Aufgabe in Teilaufgaben (Microtasks) erfolgt, gilt das „First-comes-first-serves"-Prinzip (vgl. Leimeister/Zogaj 2013, S. 63). Denn die Person, die den Job am schnellsten entgegennimmt oder ihre „Microtasks" als Erstes einreicht, erhält die Entlohnung (vgl. Leimeister/Zogaj 2013, S. 63). Bei der Befragung der Community durch Crowdvoting wird die Idee mit der höchsten Punktzahl ausgewählt und umgesetzt.

Vergütung

Als letzter Schritt erfolgt die Vergütung, mittels derer die Leistung der Akteure honoriert wird. Bei Projekten mit Wettbewerbscharakter werden die Gewinner des Ideenwettbewerbs ausgewählt und prämiert (selektives Vorgehen) (vgl. Leimeister/Zogaj 2013, S. 39). Bei der Zerlegung in Teilaufgaben wie beim Microworking werden alle Akteure entlohnt, die ihre Teilaufgaben erfolgreich erfüllt haben (integratives Vorgehen) (vgl. Leimeister/Zogaj 2013, S. 39).

6.3 Ausgewählte Internetplattformen für Open Innovation und Crowdsourcing

Nachdem im dritten und vierten Kapitel des Buches die Entwicklung vom geschlossenen Innovationsmanagement (Closed Innovation) über das kundenorientierte und kundenintegrierende Innovationsmanagement zum interaktiven Innovationsmanagement (Open Innovation/Crowdsourcing) aufgezeigt wurde, werden nun die einzelnen Methoden und Instrumente des Open-Innovation-Ansatzes vorgestellt, die im Internet ihren Einsatz finden. Dabei werden manche Ausprägungen detaillierter beschrieben als andere, da sie nach den Einschätzungen des Autors mögliche Potenziale zur Eliminierung der Schwächen des Innovationsmanagements aufweisen. Der Fokus liegt dabei auf Internetplattformen (nachfolgend Plattformen genannt), die den Outside-in-Prozess von Unternehmen unterstützen oder das Prinzip der neuen Open-Innovation-Ansätze, wie Crowdsourcing, erfolgreich als eigenständiges Geschäftsprinzip nutzen. Bei diesen Plattformen wird zwischen intermediären Plattformen, Marktplatzplattformen, unternehmenseigenen Plattformen und mitgliedergesteuerten Plattformen unterschieden (vgl. Bretschneider 2012, S. 50f.; Gassmann 2013, S. 6ff.).

Abbildung 4 stellt die verschiedenen Formen von Plattformen gegenüber und ordnet ihnen Beispiele von marktetablierten Plattformen aus der Praxis zu. Mitgliedergesteuerte Plattformen wie Open-Source-Plattformen werden der Vollständigkeit halber genannt, jedoch nicht detailliert beschrieben. Denn bei diesen Plattformen gibt es wie beispielsweise bei intermediären Plattformen kein Unternehmen, welches eine Aufgabe stellt oder für die Lösung bezahlt (vgl. Gassmann 2013, S. 9).

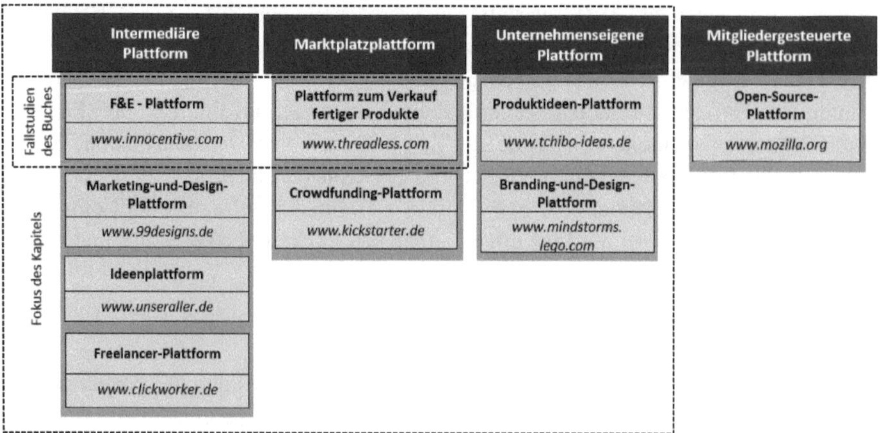

Abbildung 4: Differenzierung von Plattformen; Quelle: Eigene Darstellung in Anlehnung an Gassmann (2013, S. 6ff).

6.3.1 Intermediäre Plattformen

Intermediäre Innovationsplattformen verstehen sich als Bindeglied zwischen zwei Parteien – Fragenden und Lösenden (vgl. Gassmann 2013, S. 7) oder anders gesagt Innovationssuchenden und Innovationsanbietern (vgl. Bretschneider 2012, S. 48). Bei den Innovationssuchenden handelt es sich meist um Unternehmen, die im Rahmen des Open-Innovation-Ansatzes externe Akteure in den Innovationsprozess integrieren oder sich an Kundenwünschen orientieren möchten (vgl. Bretschneider 2012, S. 48). Bei den Innovationsanbietern handelt es sich meist um innovative, kreative Personen mit Lead-User-Eigenschaften, die auf der Plattform registriert sind und die Quintessenz des Ideen-, Kompetenz- und Wissenspools dieser Plattform darstellen. Intermediäre Plattformen ermöglichen es Unternehmen beispielsweise, Ideenwettbewerbe auszuschreiben und somit neue Produktideen für eine Produktgruppe von den Mitgliedern der Community generieren zu lassen. Der Vorteil der intermediären Form gegenüber unternehmenseigenen Innovationsplattformen ist, dass sie im Rahmen einer zeitlich begrenzten Öffnung genutzt werden kann (vgl. Pirker et al. 2010, S. 316). Unternehmen können folglich den Wissens- und Kompetenzpool dieser Plattformen für ein spezifisches Projekt nutzen, ohne eine eigene Innovationsplattform einrichten zu müssen.

Gassmann (2013, S. 6) differenziert bei intermediären Plattformen zwischen Ideenplattformen, Marketing-und-Design-Plattformen, F&E-Plattformen und Freelancer-Plattformen (siehe Abbildung 4).

99Designs als Marketing-und-Design-Plattform

Ist ein neues Design für eine Marke, eine Verpackung, ein Logo, eine Website oder für ein bestehendes Produkt zu finden, können Unternehmen diese Aufgabe an eine Marketing-und-Design-Plattform wie 99Designs übergeben (vgl. 99Designs online):

Auf www.99designs.de können Unternehmen T-Shirt-Logos, Werbebanner, Illustrationen, Buchcover, Visitenkarten und Websites im Rahmen von Grafikdesignwettbewerben gestalten lassen. Die Plattform unterstützt Unternehmen in der Ausrichtung eines Grafikdesignwettbewerbs, an dem eine Vielzahl verschiedener Grafikdesigner der Community teilnimmt. Im Rahmen von wettbewerbsbasiertem Crowd Creation setzen professionelle Designer ihre Ideen mittels branchenüblicher Grafiksoftware um. 99Designs muss somit kein Toolkit zur Verfügung stellen. Auftraggeber können den Preis für das Design zuvor festlegen, sodass auch Unternehmen mit kleinem Budget das Leistungsangebot nutzen können. Im Laufe des Wettbewerbs können die Unternehmen den Designern Feedback geben, um sicherzustellen, dass die Entwürfe ihren Anforderungen entsprechen. Die Unternehmen können im Anschluss an die Wettbewerbsphase in einem siebentägigen Zeitraum das geeignetste Design für ihr Projekt auswählen. Mittlerweile wurden mehr als 100.000 Grafikprojekte erfolgreich abgewickelt. Diese Form des Crowdsourcings wird im Crowdsourcing-Report 2012 als Creative Crowdsourcing bezeichnet.

Die Vorteile liegen in der effizienten Abwicklung der Designaufgaben bei einer großen Anzahl und Vielfalt an Entwürfen, die beispielsweise eine Agentur aufgrund beschränkter Kapazitäten nicht generieren könnte (vgl. Pelzer/Wenzlaff/ Eisfeld-Jeschke 2012, S. 25). Des Weiteren sind die Steuerungsmechanismen als Erfolgsfaktoren zu nennen. Die Community von 99Designs ist grundsätzlich offen und enthält keine Zugangskontrolle, sodass sie mittlerweile über 850.000 professionelle Designer verfügt. Jedoch vermittelt 99Designs nur die Designer ihrer Community für spezielle hochprämierte Aufträge von Unternehmen, die bereits einen Designwettbewerb gewonnen haben (vgl. 99Designs 2014a). Folglich nutzt die Plattform phasenweise eine qualifikationsspezifische Auswahl.

Innocentive als F&E-Plattform

Auch für Wirtschaftszweige wie die Industriegüterbranche besteht die Möglichkeit, auf einer F&E-Plattform Ideen von Experten aus verschiedenen wissenschaftlichen Bereichen einzuholen. www.innocentive.com gilt als Vorreiter für die Plattformen des F&E-Bereichs und wird als Fallstudie ausführlich in Kapitel 7.1 behandelt.

Clickworker als Freelancer-Plattform

Eine Freelancer-Plattform (z.B. www.clickworker.de) bietet die nötigen Kompetenzen, um kleine administrative Aufgaben von seiner Community im Sinne des Outsourcings übernehmen zu lassen. Clickworker verfügt über eine Community von über 500.000 Personen aus 136 Ländern. Die Clickworker übernehmen sogenannte repetitive Microtasks im Rahmen des Microworking-Ansatzes in Bereichen wie Texterstellung, Webrecherche und Datenpflege, die Menschen effektiver erledigen als Computer (vgl. Clickworker 2014). Dabei sind die Aufgaben meist vielfältig, aber kaum innovativ (vgl. Gassmann 2013, S. 7). Ein Projekt wird in eine konkrete Anzahl von Teilaufgaben, sogenannte Aufträge, unterteilt. Um Aufgaben der ausgeschriebenen Projekte als Clickworker übernehmen zu können, müssen sich Mitglieder zunächst mittels individueller Tests zur Teilnahme qualifizieren. Hier wird folglich eine Zugangskontrolle zur Community vollzogen. Bei den Tests handelt es sich um Lückentexte sowie Multiple-Choice-, Grammatik-, Rechtschreib- und Zeichensetzungstests in deutscher oder englischer Sprache. Hat der Anwärter die Tests bestanden, kann er Teilaufgaben (Microtasks) gemäß seiner eingestuften Qualifikation übernehmen. Ein Clickworker erhält einige Cent pro Auftrag, der je nach Aufwand eine bis mehrere Minuten dauert. Die Honorare variieren je nach Projekt und Auftraggeber. Bei Umfragen zu einem bestimmten Thema erhalten Clickworker hingegen ein pauschales Honorar, z.B. 20 Cent.

UnserAller als Ideenplattform

Möchte beispielsweise ein Unternehmen der Konsumgüterbranche ein völlig neues Produkt schaffen oder die Bedürfnisse der breiten Kundenmasse für eine neue saisonale Geschmacksrichtung ermitteln, empfiehlt es sich eine spezifische Frage oder Ausschreibung auf einer Ideenplattform wie www.unseraller.de einzustellen. Auf der Startseite finden potenzielle Ideengeber und interessierte Nutzer eine Vielzahl verschiedener Projekte, die von privaten oder öffentlichen Organisation in Auftrag gegeben wurden. Die Aufgabenstellungen reichen von der Gestaltung eines Kinofilmplakates über die Abstimmung von Weingummi-Geschmacksrichtungen bis zu Firmennamen oder Nagellackfarben. Alle gesichteten Projekte auf UnserAller enthalten einen kurzen Text zur Beschreibung des Projektes mit der jeweiligen Aufgabenstellung. Für die Ideengenerierung im Rahmen von wettbewerbsbasiertem Crowd Creation reichen die Mitglieder Ideen per Beschreibung mit angehängten Skizzen und virtuellen Entwürfen ein. UnserAller stellt dafür kein eigenes Toolkit zur Verfügung, sondern die Ideengeber nutzen übliche Grafiksoftware zur Gestaltung ihrer Entwürfe. Auf diese Art und Weise werden die Mitglieder der Community bei der Ideengenerierung in den Innovationsprozess des auftraggebenden Unternehmens integriert und liefern dem Unternehmen Lösungsinformationen. Die Mitglieder der Community werden jedoch auch im Sinne einer Kundenorientierung eingebunden, indem sie Produkte, Geschmacksrichtungen oder Kollektionsfarben für Modeartikel mittels Crowdvoting bewerten sollen. Hier dienen die Mitglieder der Community als Quelle für Bedürfnisinformationen. Zum einen können sie mittels eines Kommentarfeldes einzelne Produkte etc. kommentieren. Zum anderen haben sie die Möglichkeit, mittels einer integrierten Bewertungsskala einen, zwei oder drei Sterne zu vergeben.

6.3.2 Marktplatzplattformen

Gassmann (2013, S. 12) differenziert bei Marktplatzplattformen zwischen Plattformen zum Verkauf fertiger Produkte und Crowdfunding-Plattformen. Plattformen zum Verkauf fertiger Produkte bieten Kreativen und Erfindungsreichen vielfältige Möglichkeiten, um ihre Ideen und Produkte zu vermarkten (vgl. Gassmann 2013, S. 12). Sie sind als eigenständige Geschäftsmodelle zu verstehen, hinter denen im Gegensatz zu unternehmenseigenen Plattformen, wie im nächsten Abschnitt beschrieben, meist kein namhaftes Unternehmen steht. Meistens sind es Start-up-Unternehmen, deren Geschäftsmodelle überwiegend auf dem Crowdsourcing-Prinzip basieren. Sie integrieren die Community als externe Akteure in ihren Innovations- oder Produktentwicklungsprozess und nutzen die kollektive Intelligenz, Innovativität und Kreativität der Crowd zur Wertschöpfung. Folglich werden die unterschiedlichsten Aufgaben entlang des Wertschöpfungsprozesses an die Community der Plattform im Sinne von Out- oder vielmehr Crowdsourcing abgegeben. Dabei bestechen die Start-ups durch ihr attraktives

Geschäftsprinzip, schaffen extrinsische sowie intrinsische Anreize und geben ihrer Community das Gefühl, ein essentieller Bestandteil der Wertschöpfung des Unternehmens zu sein.

Threadless als Plattform zum Verkauf fertiger Produkte

Eine erfolgreiche Plattform dieser Art ist www.threadless.com, die die Kreativität ihrer Community von Designern zur grafischen Gestaltung von originellen T-Shirts und anderen Kleidungsstücken nutzt und selbst keine eigenen Designer zur internen Designgestaltung beschäftigt. Das Prinzip basiert sowohl auf dem wettbewerbsbasierten als auch auf dem zusammenarbeitsbasierten Crowd-Creation-Ansatz. Dazu wird Crowdvoting als Bewertungssystem und Crowdfunding zur Finanzierung einzelner Produkte genutzt. Threadless vereinigt folglich mehrere Ausprägungen von Crowdsourcing in einem erfolgreichen Geschäftsprinzip und wird aufgrund dessen ausführlich in Kapitel 7.2 im Rahmen einer Fallstudienanalyse behandelt.

Kickstarter als Crowdfunding-Plattform

Crowdfunding-Plattformen wie www.kickstarter.de unterstützen und ermöglichen die Gründung von Formen oben genannter Start-ups. Auf diesen Plattformen wird Geld gesammelt, um eine bestimmte Idee umzusetzen (vgl. Gassmann 2013, S. 12). Sie bieten gerade jungen Start-ups oder kleinen Unternehmen eine Möglichkeit, andere Menschen für ihr Vorhaben zu begeistern und sie als Investoren zu akquirieren.

6.3.3 Unternehmenseigene Plattformen

Unternehmen mit bekannten Namen und starken Marken können als Alternative zur Nutzung von intermediären Plattformen eine unternehmenseigene Innovationsplattformen erstellen (vgl. Gassmann 2013, S. 10). Unternehmenseigene Innovationsplattformen werden von Unternehmen mit dem Ziel geschaffen, ihren Kunden die Möglichkeit eines Forums zur Äußerung und gemeinschaftlichen Weiterentwicklung von Innovationen zu liefern (vgl. Bretschneider 2012, S. 2). Die Plattformen können als Form der Methoden des Open-Innovation-Ansatzes in Produktideen-Plattformen und Branding-und-Design-Plattformen differenziert werden (vgl. Gassmann 2013, S. 10). Einige Unternehmen haben ein eigenständiges Modell und eine eigene Website für ihre Innovationsplattform wie beispielsweise www.tchibo-ideas.de. Andere Unternehmen schaffen einen Innovations-, Blog oder Forenbereich im Rahmen eines Ideenwettbewerbs für einen begrenzten oder unbegrenzten Zeitraum auf ihrer Website zum Beispiel Edeka-Selbermacher auf www.edeka.de. Ergänzend nutzen Unternehmen ihre Auftritte in sozialen Netzwerken, im Speziellen Facebook, um für ihre Wettbewerbe zu werben, wie zum Beispiel Ritter Sport. Dabei wird der User aus dem sozialen Netzwerk auf die Website des Unternehmens geleitet, um beispielsweise über zukünftige Geschmackssorten abzustimmen.

Tchibo-ideas als Produktideen-Plattform

Eine Plattform für Produktideen ist www.tchibo-ideas.de, welche es Designern ermöglicht, Ideen für neue Produkte im Rahmen einer Kooperation mit Tchibo zu realisieren und über die bestehenden Distributionskanäle von Tchibo vermarkten zu lassen. Seit der Gründung im Jahr 2008 hat Tchibo somit den Kreis der Produktentwickler stark erweitert und sammelt mittels seiner Plattform sowohl Bedürfnisse und Wünsche seiner Kunden als auch Designkonzepte von Designern (vgl. Gassmann 2013, S. 108).

Die Plattform bietet zwei Aufgabenbereiche. Zum einen ermöglicht sie Kunden, ihre Alltagsprobleme zu schildern, zum anderen bietet sie ein Forum für Designer zur Präsentation ihrer Produktentwürfe (vgl. Gassmann 2013, S. 108). Bisher wurden von der Community mit über 11.000 Mitgliedern mehr als 1.260 Aufgaben zu Alltagsproblemen eingestellt und dazu ca. 760 Lösungen gefunden (vgl. Tchibo-ideas 2013b). Tchibo veranstaltet Ideenwettbewerbe zu den Alltagsproblemen, die durch die Community zunächst durch die Sammlung von zehn Zustimmungspunkten und dann anhand der Kriterien „clever", „sinnvoll", „ausführlich", „verständlich", „suche ich auch" beurteilt werden (vgl. Gassmann 2013, S. 109). Hier entscheidet die Community mittels Crowdvoting, welche Aufgaben oder Alltagsprobleme einer Lösung bedürfen und welche nicht. Der Gewinner des Ideenwettbewerbs erhält eine Prämie in Höhe von 1.200 Euro und seine Aufgabe wird zur „Aufgabe des Monats" gekürt (vgl. Gassmann 2013, S. 109).

Zu den Teilnehmern an Wettbewerben zum Design neuer Produkte zählen Produktdesigner, Designstudenten oder kreative Hobbydesigner. Sie fertigen einen Designentwurf an und reichen diesen auf der Plattform ein. Tchibo überprüft, ob der Entwurf geschützt werden kann, das Produkt zum Sortiment passt, technisch realisierbar und zu einem attraktiven Preis herzustellen ist (vgl. Tchibo-ideas 2013a, S. 1). Produktideen werden ebenfalls durch die Community mittels Crowdvoting bewertet, mit dem Unterschied, dass es einen ersten (2.000 Euro Honorar), zweiten (1.500 Euro Honorar) und dritten Platz (500 Euro Honorar) gibt (vgl. Gassmann 2013, S. 110). Mittlerweile sind somit 23 erfolgreiche Produkte entwickelt und vermarktet worden (vgl. Tchibo-ideas, 2013b). In der Regel dauert dies ca. sechs Wochen, in Ausnahmefällen bis zu sechs Monaten (vgl. Tchibo-ideas 2013a, S. 1). Erfüllt die Idee alle Anforderungen, wird ein Lizenzvertrag zwischen dem Designer und Tchibo über drei Jahre geschlossen, das Produkt produziert und vermarktet (vgl. Tchibo-ideas 2013a, S. 1). Als Incentive erhält der Designer eine Erfolgsbeteiligung, sein Name und sein Foto werden auf der Verpackung abgedruckt und sein Produkt wird in Filial-Magazinen, sozialen Netzwerken und anderen Websites beworben (vgl. Tchibo-ideas 2013a, S. 1). Neben dem extrinsischen

Anreiz schafft Tchibo folglich noch die intrinsische Motivation für Designer, sich einen Namen zu machen und sich der Öffentlichkeit zu präsentieren. Die beiden Formen des Ideenwettbewerbs fußen auf dem Prinzip des wettbewerbsbasierten Crowd Creation.

6.3.4 Zusammenfassung der Internetplattformen

Die vorgestellten Internetplattformen bieten ein unterschiedliches Leistungsangebot an und nutzen verschiedene Ausprägungen der Methoden von Open Innovation und Crowdsourcing. Um abschließend einen Überblick über den Methodeneinsatz der vorgestellten Internetplattformen zu schaffen, werden diesen die unterschiedlichen Ausprägungsformen von Crowdsourcing in Abbildung 5 zugeordnet.

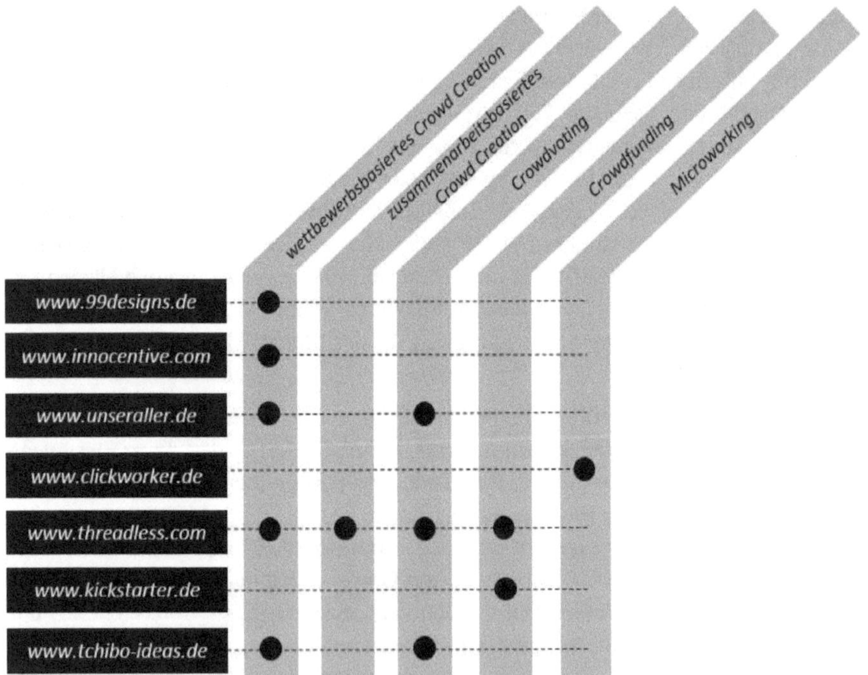

Abbildung 5: Zuordnung der Ausprägungen von Crowdsourcing zu ausgewählten Praxisbeispielen; Quelle: Eigene Darstellung.

7 Fallstudienanalyse

Als Fallstudien werden Innocentive als intermediäre Plattform und Threadless als Marktplatzplattform herangezogen. Der Grund für die Auswahl dieser beiden Plattformen liegt zum einen in ihrem nachhaltigen Erfolg und ihren frühen Gründungsjahren, Threadless 2000, Innocentive 2001. Zum anderen weisen beide Plattformen vielfältige Potenziale zur Stillung des Handlungsbedarfes (Kapitel 1.1) sowie zur Reduzierung der identifizierten Schwächen des klassischen Innovationsmanagements (Kapitel 3.4) und der Risiken der Integration externer Akteure im Outside-in-Prozess (Kapitel 5.2.2) auf. Welche Faktoren zu ihrem Erfolg und einer möglichen Reduzierung oder Eliminierung der entdeckten Schwächen führen, wird in diesem Kapitel untersucht. Dabei wird der klassische Innovationsprozess eines Unternehmens der zugehörigen Branche dem Innovationsprozess der Internetplattformen gegenübergestellt.

7.1 Fallstudie: Innocentive

Plattformen wie Tekscout, Ninesigma, Yourencore, Ideaconnection, Innovaro, Innovationskraftwerk und Innocentive bieten Unternehmen Zugriff auf einen großen Wissenspool und eine Community von Forschern, Wissenschaftlern und Spezialisten verschiedener Bereiche. Innocentive wird in der Literatur als Vorreiter für den F&E-Bereich betitelt (vgl. Reichwald/Piller 2009a S. 75; Pirker et al. 2010, S. 324) und wurde ursprünglich als eine der ersten Plattformen am Markt vom Pharmaunternehmen Eli Lilly gegründet. Motiv der Gründung zu dieser Zeit waren stark steigende Entwicklungskosten und der erhöhte Wettbewerbsdruck der Branche gepaart mit dem Druck, die Produktpalette vergrößern zu müssen (vgl. Uehleke 2006). Innocentive ist ein Kunstwort zusammengesetzt aus Innovation und Incentive (vgl. Picot/Doeblin 2009, S. 192) und spiegelt somit das Geschäftsprinzip der Plattform nach außen wider. Innocentive ist den F&E-Plattformen zuzuordnen und dient der Lösung komplexer Entwicklungsprobleme aus technischen, chemischen oder pharmazeutischen Bereichen.

Unternehmen veröffentlichen eine bis dato ungelöste Fragestellung auf der Plattform und setzten ein Honorar zwischen 5.000 und 100.000 US-Dollar für die Lösung des Problems aus (vgl. Möslein/Neyer 2009, S. 95). Diese attraktiven Honorare ziehen kluge Köpfe mit verschiedenen wissenschaftlichen Hintergründen aus der ganzen Welt an, sodass Innocentive mittlerweile über eine große Community mit vielfältigen Fachkompetenzen verfügt. Die Community vereint über 300.000 Problemlöser aus fast 200 Ländern und wird von Innocentive selbst als internationales Netzwerk bezeichnet. Unabhängig von seinem Beruf, Bildungsstand und seiner Qualifikation kann rein theoretisch jeder Nutzer eine Lösung vorschlagen (vgl. Uehleke 2006). Es gibt folglich keine Zugangskontrolle. Ein Drittel der Experten sind Angestellte eines Unternehmens, ein weiteres Drittel verfügen über wissenschaftliche Expertise und das letzte Drittel setzt sich aus Selbstständigen und Rentnern zusammen (vgl. Gassmann 2013, S. 96).

Da es sich meist um komplexe Fragestellungen handelt, ist die Quote qualifizierter Fachkräfte hoch, ca. die Hälfte aller Problemlöser arbeitet im F&E-Bereich und 60% besitzen einen Masterabschluss oder Doktortitel (vgl. Gassmann 2013, S. 96).

Langfristiges Ziel des Dienstleisters ist es, seine Community aus Problemlösern (Solvers) zu einem Wissenspool von mehr als einer Million klugen Köpfen heranwachsen zu lassen und dass sich suchende Unternehmen (Seekers) als Teil dieser einzigartigen Community fühlen (vgl. Lakhani 2008, S. 15). Eine Vielzahl bekannter Unternehmen wie beispielsweise P&C, Henkel, BASF, Dupont (vgl. Reichwald/Piller 2009, S. 115), Avery Dennison, Global Living, Janssen sowie Rockefeller Foundation (vgl. Gassmann 2013, S. 85) arbeiteten bereits mit Innocentive zusammen. Neben der Plattform www.innocentive.com, auf der der Fokus der Fallstudie liegt, bietet Innocentive die Dienstleistung Innocentive@work-Plattform, die ONRAMP-Methode und einen Kundenservice an (vgl. Gassmann 2013, S. 86ff.). Diese werden jedoch nicht weiter erläutert.

7.1.1 Der Innovationsprozess mittels Innocentive im Vergleich

Der klassische Innovationsprozess

Der klassische Prozess ist branchen-, markt- und produktabhängig und somit nicht genau zu spezifizieren. Hinzu kommt, dass es sich bei den Fragestellungen auf Innocentive um spezifische Teilprobleme aus verschiedenen disziplinären Bereichen handelt. Aufgrund dessen wird im Rahmen dieses Buches das in Kapitel 3.2 beschriebene Phasenmodell des klassischen Innovationsprozesses als Grundlage herangezogen und folgender Prozessablauf angenommen.

Ausgangspunkt für den Prozess ist ein Problem, welches gelöst werden muss. Dabei kann das Unternehmen zwischen zwei Möglichkeiten wählen (vgl. Ihlenburg 2012, S. 45): Zum einen kann es innerhalb seines internen vertrauten Umfeldes nach einer Lösung suchen, d.h. in seiner F&E-Abteilung oder in seinem Partner- und Lieferantennetz. Zum anderen kann es nach einem Anbieter oder Experten auf dem Markt suchen und einen Auftrag vergeben.

Hat ein Unternehmen eine geschlossene Innovationsstrategie, wird das Management seiner F&E-Abteilung die Anweisung geben, ein bestimmtes Problem zu lösen. Diese hat im Rahmen des Innovationsvorhabens einen vorgegebenen Forschungszeitraum und ein festgelegtes Budget. Der PwC-Studie zufolge entspricht dies bei deutschen Unternehmen im Durchschnitt 7% des Gesamtumsatzes, was im internationalen Vergleich von den Herausgebern als wenig interpretiert wird (vgl. PwC 2014, S. 11). Verantwortliche aus den Abteilungen F&E, Konstruktion, Fertigung oder das technische Management (vgl. Ihlenburg 2012, S. 47) werden in ihrem bekannten Umfeld nach

Lösungsmöglichkeiten suchen. Die Suchphase ist aufgrund eines festgelegten Budgets und Zeitraums von einem Erfolgs- und Innovationsdruck geprägt. Es wird zunächst auf Lösungswege und Ansatzpunkte, wie beispielsweise Entwicklungskooperationen oder Lieferantenpartnerschaften, zurückgegriffen, die den Verantwortlichen bekannt sind (vgl. Reichwald/Piller 2009a, S. 42). Dadurch erweitert sich zwar die Menge an einzubindendem Wissen und an Expertise, jedoch ist die Lösungsfindung letztendlich auf dem Unternehmen bereits bekannte Akteure begrenzt (vgl. Reichwald/Piller 2009a, S. 42). Wird innerhalb dieses Umfeldes ein passender Partner gefunden, besteht somit keine Garantie, dass das bisher ungelöste Problem in einer Kooperation mit den gegebenen Ressourcen in einem bestimmten Zeitraum gelöst wird. Wird keine Lösung gefunden, wird dies zusätzliche Kosten verursachen, den Verlust von Marktanteilen riskieren und im schlimmsten Fall das Innovationsvorhaben und die langfristige Innovationsstrategie zum Scheitern bringen.

Die zweite Möglichkeit wäre, an einen externen Experten außerhalb des vertrauten und bekannten Umfeldes heranzutreten. Da das Problem bisher unbekannt ist und nur vage einem Bereich oder einer Branche zugeordnet werden kann, wird das Unternehmen voraussichtlich an eine wissenschaftlich breit aufgestellte Institution wie z.B. ein Institut oder eine Forschungseinrichtung einer Universität herantreten. Unabhängig davon, welche Option das Unternehmen wählt, der Prozess der Lösungsfindung von der Anbahnung einer Kooperation bis zur eigentlichen Findung der Lösung wird zeitintensiv und kostenaufwendig sein.

Der Innovationsprozess mittels Innocentive

Die Vorgehensweise der breiten Suche nach einer Lösung für eine Problemstellung wird als Broadcasting oder Problem-Broadcasting bezeichnet (vgl. Pirker et al. 2010, S. 324f.). Der Ablauf des Problem-Broadcastings über Innocentive wird zur Veranschaulichung eigens auf den in diesem Buch definierten Innovationsprozess aus Kapitel 3.1 übertragen, wie in Abbildung 6 dargestellt, und im folgenden Abschnitt erläutert.

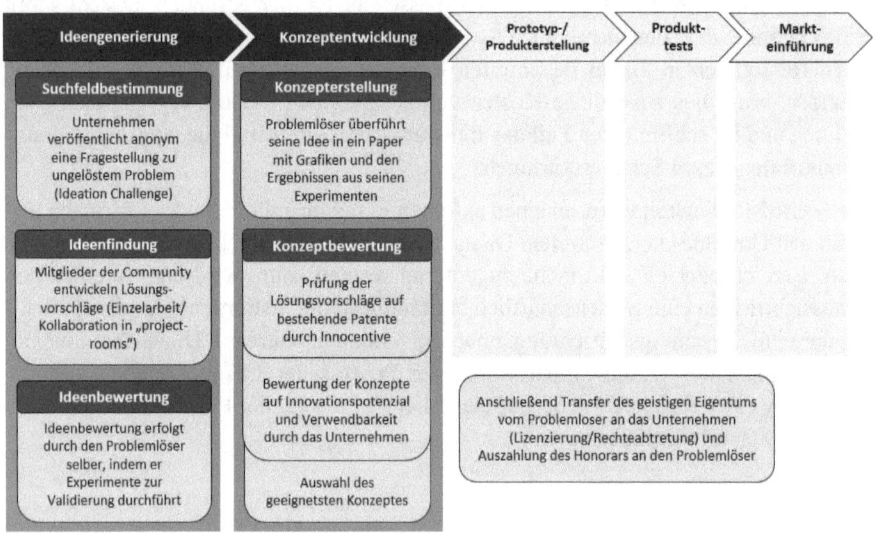

Abbildung 6: Der Ablauf des Innovationsprozesses mittels Innocentive; Quelle: Eigene Darstellung.

Zu Beginn existiert ein ungelöstes Problem, welches das Unternehmen mittels eigener Forschungsbemühungen bisher nicht lösen konnte. Mit dem Ergebnis der Unterphase der Suchfeldbestimmung in der Phase der Ideengenerierung wird die Integration externer Akteure zur Ideengenerierung initiiert und der offene Innovationsprozess angestoßen. Das Unternehmen veröffentlicht eine spezifische Fragestellung zu einem Problem im Rahmen einer Ausschreibung, einer sogenannten „Challenge", mit einer Problembeschreibung, Grafiken und Formeln auf Innocentive (vgl. Picot/Doeblin 2009, S. 192). Die Ausschreibungen beinhalten meist durch das lösungssuchende Unternehmen aufgestellte restriktive Anforderungen und Spezifikationen (vgl. Lakhani 2008, S. 16). Um Firmengeheimnisse und aktuelle Forschungsaktivitäten des Unternehmens zu schützen, bleibt das suchende Unternehmen bei der Ausschreibung meist anonym (vgl. Picot/Doeblin 2009, S. 192; Uehleke 2006; Gassmann 2013, S. 91). Bei der Veröffentlichung der Fragestellung stehen vier Typen von Challenges zur Auswahl: „Ideation Challenge", „Theoretical Challenge", „Reduction to Purpose" und „Electronic Request for Partner“. Für die Darstellung des Innovationsprozesses mittels Innocentive wird die Ideation Challenge exemplarisch herangezogen, da es sich dabei um eine Form des Ideenwettbewerbs handeln. Im Gegensatz zu Crowd-Creation-Plattformen entwickeln die Problemlöser ihre Ideen und Lösungsansätze fast ausschließlich in Einzelarbeit (vgl. Pirker et al. 2010, S. 325), sodass in Bezug auf Leimeister/Zogaj (2013) von wettbewerbsbasiertem Crowd Creation gesprochen werden kann. Die „Ideation Challenge“ kann in neun wissenschaftlichen Kategorien (z.B. Chemie, Physik, Mathe/Statistik usw.) veröffentlicht werden. Die Mitglieder und Problemlöser der Community können über den sogenannten „Challenge Browser“ die einzelnen Ausschreibungen von suchenden Unternehmen filterbar nach den neun Kategorien und dem Challenge-Typ einsehen, wie im Screenshot in Anlage 5 des Anhangs zu sehen ist.

Nimmt ein Problemlöser sich der Lösung einer Aufgabenstellung an, wird die Unterphase der Ideenfindung angestoßen. Die Problemlöser reichen sogenannte „Paper“ zu den überwiegend komplexen Frage- und Aufgabenstellungen aus wissenschaftlichen Bereichen digitalisiert ein, die neben aufwendigen Skizzen und Diagrammen auch die Ergebnisse aus eigens durchgeführten Experimenten enthalten (vgl. Gassmann 2013, S. 100). Anhand dieser Experimente führen die Problemlöser eine Bewertung ihrer Idee durch und überprüfen sie auf ihr Erfolgspotenzial (Ideenbewertung), bevor sie diese im Zuge der Phase der Konzeptentwicklung in ein Paper überführen. Folglich enthalten die eingereichten theoretischen Papers experimentell validierte Forschungsdaten (vgl. Pirker et al. 2010, S. 325). Im Anschluss an die Konzepterstellung werden die Papers in der Unterphase der Konzeptbewertung von Innocentive auf vorliegende Patente überprüft, um dann vom Unternehmen auf Innovationspotenzial und Verwendbarkeit der Idee analysiert zu werden. Erfüllt der Inhalt des Papers die Anforderungen, erfolgen der Transfer des geistigen Eigentums des Problemlösers an das Unternehmen und die Auszahlung des Honorars an den Problemlöser. Diese Schritte laufen außerhalb des dargestellten Innovationsprozesses ab und werden deshalb keiner Phase des Prozesses zugeordnet (Abbildung 6).

7.1.2 Zuordnung der Leistungen von Innocentive zum Innovationsprozess

Innocentive bietet verschiedene Dienstleistungen im Verlauf des Innovationsprozesses und ermöglicht es Unternehmen die Plattform und ihre Community in die unterschiedlichen Phasen des Prozesses zu integrieren. Hier entscheidet sich folglich, in welcher spezifischen Phase des Prozesses das Unternehmen Innocentive als Open-Innovation-Methode integriert und zu welchem Grad es seine Unternehmensgrenzen öffnet. Für die Lösung eines Problems auf der Plattform hat Innocentive vier verschiedene Challenge-Typen erstellt, die wie folgt zusammenzufassen sind (vgl. Gassmann 2013, S. 89; Innocentive 2014):

Ideation Challenge

Die „Ideation Challenge“ dient dazu eine bahnbrechende Idee zu finden, ob eine neue Produktlinie, eine kommerzielle Anwendung für ein bestehendes Produkt oder auch neue Marketingstrategien zur Akquisition neuer Kunden.

Theoretical Challenge

Bei der „Theoretical Challenge“ besteht bereits eine Idee, deren Umsetzbarkeit jedoch noch nicht getestet wurde. Eine Konkretisierung der Idee erfolgt durch die Mitglieder der Community, die durch detaillierte Beschreibungen, Spezifikationen, unterstützende Fakten und die Formulierung notwendiger Anforderungen an eine Lösung, eine theoretische Idee näher an ein konkretes Konzept für ein Produkt, eine Dienstleistung oder eine technische Lösung bringen.

> „A solution to a Theoretical Challenge will solidify the Solver's concept with detailed descriptions, specifications, supporting precedents, and requirements necessary to bringing a good idea closer to becoming an actual product, technical solution, or service“ (Innocentive 2014).

Reduction to Purpose

Bei der „Reduction to Purpose“ wird ein Prototyp erstellt. Mittels des Prototyps beweist der Problemlöser unter Berücksichtigung der spezifischen Vorgaben des Unternehmens, dass seine Lösung auch praktisch funktioniert. Da die Entwicklung eines Prototyps kosten- und zeitaufwendiger ist, haben die Problemlöser mehr Zeit und erhalten i.d.R. meist höhere Honorare als bei der „Ideation Challenge“.

Electronic Request for Partner

Im Rahmen des „Electronic Request for Partner“ (eRFP) kann das suchende Unternehmen innerhalb des internationalen Netzwerks von Innocentive branchenübergreifend nach einem passenden Partner suchen, welcher Expertise oder Technologien zur Lösung eines Problems zur Verfügung stellt.

> „Seeking organizations use the Innocentive marketplace to find businesses or consultants that have already developed the technology they need or have the experience to help them develop it“ (Innocentive 2014).

Im Gegensatz zu den vorherigen Kategorien der Problemlösung, bei denen ein festes Honorar für die beste Lösung des Ideenwettbewerbs ausgezahlt wird, wird beim eRFP ein Honorar vertraglich zwischen den Parteien festgelegt.

Die einzelnen Problemphasen können, wie in Abbildung 7 dargestellt, den Phasen des Innovationsprozesses zugeordnet werden.

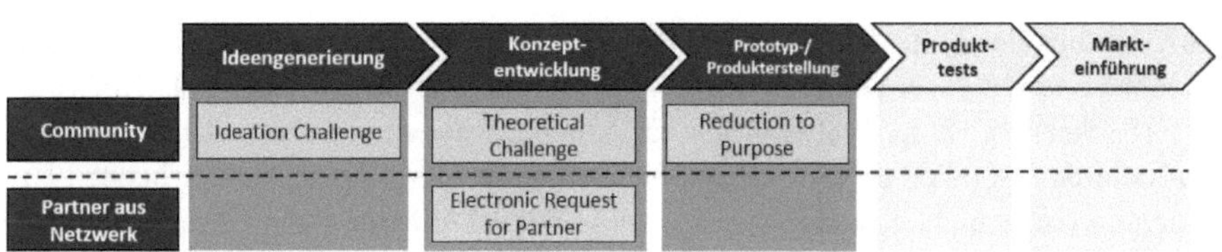

Abbildung 7: Zuordnung der Challenge-Typen von Innocentive zu den einzelnen Phasen des Innovationsprozesses; Quelle: Eigene Darstellung.

Der weitere Ablauf des Prozesses, im Speziellen der Schutz und Transfer geistigen Eigentums von dem Erfinder zum Unternehmen, wird im folgenden Abschnitt im Detail erörtert.

7.1.3 Schutz und Transfer von geistigem Eigentum bei Innocentive

Einer der Hauptgründe für die bisherige Verschlossenheit von Unternehmen bezüglich ihrer Innovationsentwicklung und für die Isolation ihrer F&E-Abteilung von der Außenwelt ist der Schutz ihres geistigen Eigentums (Kapitel 3.4). Einen reibungslosen Ablauf und Transfer von geistigem Eigentum vom Lösungsgeber zum Unternehmen zu gewährleisten, ist wesentliche Aufgabe und Kernkompetenz von Innocentive (vgl. Reichwald/Piller 2009b, S. 195). Bei jeder Challenge oder Ausschreibung wird ein Innovationsproblem formuliert. Die Kundenberater von Innocentive arbeiten bei der Formulierung der Fragestellung eng mit den suchenden Unternehmen zusammen, um zum einen die notwendigen Informationen bereitzustellen und zum anderen die Anonymität des Unternehmens sicherzustellen (vgl. Gassmann 2013, S. 91). Neben einer internen Prüfung des Unternehmens zur Einhaltung rechtlicher und betriebswirtschaftlicher Vorgaben findet im Anschluss noch eine Prüfung in Zusammenarbeit mit Innocentive statt, bevor die Challenge veröffentlicht wird (vgl. Gassmann 2013 S. 91f.).

Eine Studie von Lakhani (2008, S. 3ff.) zeigt exemplarisch auf, wie Innocentive den Schutz des geistigen Eigentums und dessen Transfer garantiert:

Für alle Mitglieder oder Problemlöser der Community einsehbar, wird zu Anfang erst eine kurze Beschreibung des Projektes mit abstrahierter Fragestellung veröffentlicht. Potenzielle Problemlöser, die die Details und Anforderungen des Projektes einsehen wollen, müssen einer Geheimhaltungsvereinbarung (Solver Agreement) einwilligen, welche die Frist zum Einreichen der Ideen, den Zeitraum für die Durchsicht und Bewertung der eingereichten Ideen und Klauseln zur Abtretung des geistigen Eigentums an das suchende Unternehmen (Seeker) beinhaltet. Die Problemlöser (Solver) gewähren dem Unternehmen (Seeker) eine temporäre Lizenz (Temporary License) zur Durchführung der erforderlichen Bewertung. Falls die Idee akzeptiert wird, überprüft Innocentive, ob der Problemlöser die Rechte oder das Patent hält und sie transferieren darf. Ist dies der Fall, erhält der Problemlöser sein Honorar und tritt die Rechte an seinem geistigen Eigentum (Intellectual Property Rights) an das suchende Unternehmen (Seeker) ab. Ist der Problemlöser ein Arbeitnehmer eines anderen Unternehmens, muss dieser zusätzlich eine signierte Sonderfreigabe einreichen. Dem suchenden Unternehmen ist es nicht gestattet, eine Idee in seiner zukünftigen Entwicklung zu nutzen, wenn es die Lösung nicht im Rahmen des Projektes akzeptiert, honoriert und folglich die Rechte erworben hat. Dies wird durch einen Vertrag zwischen Innocentive und dem suchenden Unternehmen festgelegt.

7.1.4 Überwindung des Problems der lokalen Suche mittels Innocentive

Die Praxis und die Literatur zeigen auf, dass sich die Integration von branchenfremden Experten in vielerlei Hinsicht positiv auf den Innovationsprozess auswirkt. Innocentive als intermediäre Problem-Broadcast-Plattform vernetzt Branchen, Industrien und Fachgebiete, die zuvor kaum eine Intention oder Motivation zur Zusammenarbeit in der Innovationsentwicklung hatten. Folglich ist einer der Haupterfolgsfaktoren des Konzeptes von Innocentive auf die branchenübergreifende Suche innerhalb eines breiten Wissens- und Kompetenzpools zurückzuführen. Die uneingeschränkte Reichweite des Internets ermöglicht die Vernetzung innovativer Problemlöser aus über 200 verschiedenen Ländern. Somit beschränkt sich die Suche zum einen nicht mehr nur auf ortsnahe Experten und zum anderen bietet sich die Chance, Experten zu integrieren oder mit Partnern zu kooperieren, die nicht aus der gleichen Branche stammen (wie im Beispiel von Porsche in Kapitel 5.1). Das Problem der lokalen Suche wird folglich überwunden. Umgangssprachlich könnte man dieses Vorgehen als ein Hinausschauen über den Tellerrand bezeichnen. Denn klassischerweise können Unternehmen lediglich in Bereichen nach Lösungen suchen, die sie kennen, oder vielmehr nur solche Lösungen finden, die im Wissensbereich ihrer Forscher und Entwickler liegen (vgl. Reichwald/Piller 2009b, S. 193). Die Problemlöser, die auf Innocentive als Gewinner aus den Wettbewerben hervorgehen, haben meist eine ihnen wohlbekannte Lösung aus ihrem wissenschaftlichen Bereich auf die spezifische Fragestellung des Unternehmens transferiert (Reichwald/Piller 2009a, S. 116).

Dies bestätigt auch die Studie von Lakhani et al. aus dem Jahre 2007, die beweist, umso größer die Distanz zwischen den Fachgebieten von Lösungssucher (Seeker) und Problemlöser (Solver) ist, desto größer ist die Wahrscheinlichkeit, eine passende Lösung zu finden (vgl. Reichwald/Piller 2009a, S. 69; S. 116, Herstatt/Kalogerakis/Schulthess 2014, S. 47). Grundlage der Untersuchung waren 160 Problemstellungen, bei denen die internen F&E-Abteilungen der Unternehmen bereits zwischen sechs Monaten und zwei Jahren ohne brauchbares Ergebnis nach Lösungen geforscht hatten (vgl. Reichwald/Piller 2009a, S. 117). Bei der Veröffentlichung dieser bisher ungelösten Problemstellungen auf Innocentive wurde bei 30% eine verwertbare Lösung durch die

Community generiert (vgl. Reichwald/Piller 2009a, S. 117). Beachtlich ist dabei die Zeitangabe der Problemlöser, in denen die Lösungen entwickelt wurden. Diese betrug meist nur 74 Stunden, im Gegensatz zu sechs bis 24 erfolglosen Monaten in der Industrie (vgl. Reichwald/Piller 2009a, S. 116). Dabei haben die Unternehmen im Durchschnitt nur einen Bruchteil der Kosten im Gegensatz zu einer internen isolierten Forschung investieren müssen (vgl. Reichwald/Piller 2009a, S. 116). Die suchenden Unternehmen verdienen an einer Lösung durch die Innocentive-Community im Schnitt 20-mal mehr, als sie den Problemlösern bezahlen (vgl. Uehleke 2006). Für die Dienstleistung der Plattform entrichten die Unternehmen eine Gebühr für jede eingestellte Ausschreibung (vgl. Picot/Doeblin 2009, S. 192) und eine Jahrespauschale von 80.000 US-Dollar (vgl. Jahnke/Prilla 2008, S. 138). Beim erfolgreichen Abschluss eines Projektes oder der Lösung eines Problems durch einen Experten der Community erhält Innocentive eine Provision von 80 bis 100% des gezahlten Honorars an den Problemlöser vom Unternehmen (vgl. Uehleke 2006).

Innocentive schafft Personen mit unterschiedlichen Qualifikationen Zutritt zu Bereichen mit ungelösten Problemstellungen, mit denen sie vorher nie in Kontakt getreten sind, und die Unternehmen profitieren davon. Jeffrey Davis vom NASA Human Health and Performance Directorate des Johnson Space Centers bestätigt dies wie folgt: Sometimes, the answers to the space agency's toughest problems can come from people who have no experience with space travel at all" (Davis 2013). So fand ein Physiker aus der Luft- und Raumfahrt über Innocentive eine der besten Lösungen für ein Problem aus dem Bereich der Polymerwissenschaft zur Identifikation einer lebensmitteltauglichen Methode zur Verabreichung von Wirkstoffen (vgl. Poetz/Leimüller 2014, S. 41). Ein Zahnpastahersteller suchte nach einer Lösung zur Befüllung einer Zahnpastatube mit Fluoridpulver, ohne dass zu viel in die Umgebungsluft verloren geht (vgl. Uehleke 2006). Die Lösung für die Ausschreibung auf Innocentive fand ein Teilchenphysiker, indem er sein physikalisches Grundwissen auf die Fragestellung transferierte (vgl. Uehleke 2006). Die Fluoridteilchen sind positiv und die Tube negativ zu laden, dadurch zieht die Tube das Fluorid an (vgl. Uehleke 2006). Eine weitere gefundene Lösung für eine bisher ungelöste Fragestellung aus der Ölindustrie stammt aus einem Verfahren der Zementindustrie (vgl. Lahkani 2008, S. 2). Demnach konnte der Experte aus der Zementindustrie erfolgreich ein Instrument zum Flüssighalten von Zement in ein Verfahren der Ölindustrie überführen (vgl. Lahkani 2008, S. 2). Scott Pegeau vom Oil Spill Over Recovery Institute (OSRI) fasst den Erfolg durch den Einsatz von Innocentive Challenges wie folgt zusammen:

> „If this challenge were solvable by the people in the industry, it would have been solved earlier [...]. We would never have found this through our regular [...] process" (Lakhani 2008, S. 4).

7.1.5 Selbstorganisation im Einsatz von Innocentive

Im geschlossenen oder klassischen Innovationprozess erfolgt die Suche nach Lösungsinformationen durch die hierarchische Zuteilung von Aufgaben an einzelne Akteure (vgl. Reichwald/Piller 2009a S. 116). Haben diese Akteure nicht die ausreichenden Kompetenzen (wie z.B. Kreativität, Leistungsfähigkeit und -bereitschaft sowie branchenfremdes Fachwissen) zur Lösung der Fragestellung, kann dies den Erfolg des Innovationsvorhabens stark verzögern und sogar gefährden. Bei der offenen Lösungssuche auf Innocentive suchen sich die Akteure die Aufgaben gemäß ihrer Kompetenz, ihrem Wissen und ihrer Leistungsfähigkeit selber aus (vgl. Jahnke/Prilla 2008, S. 138). Die Abgrenzung von Teilproblemen im Rahmen einer Fragestellung wie beispielsweise der Entwicklung eines Moleküls mit gleichen Charakteristika sorgt für eine Art automatische Zuweisung der Aufgabe zu den Fertig- und Fähigkeiten (bzw. Kompetenzbereich) der Problemlöser (vgl. Reichwald/Piller 2009b, S. 194). Denn die potenziellen Akteure entscheiden im Zuge einer Selbstselektion, ob sie sich an der Aufgabe der Ausschreibung (Challenge) beteiligen oder nicht (vgl. Reichwald/Piller 2009b, S. 191). Die Ideenphase erhält somit eine Eigendynamik, indem jeder einzelne Akteur der intermediären Plattformen eigens eine Selbstselektion oder Selbstzuweisung der Aufgabe in Abhängigkeit von seinen Fertig- und Fähigkeiten (bzw. Kompetenzen) vornimmt.

7.1.6 Motivationsfaktoren für Problemlöser bei Innocentive

Die Frage nach den Motivationsfaktoren soll klären, was Menschen dazu bewegt, Mitglied der Community zu werden und an den Wettbewerben (Challenges) teilzunehmen. In erster Linie sind hohe Honorare von 5.000 bis 100.000 US-Dollar ein extrinsischer Motivationsfaktor. Doch zeigen die Studienergebnisse auch Motivationsfaktoren intrinsischer Natur auf. Lakhani beweist, dass Wissenschaftler nicht nur wegen des monetären Anreizes an Ideenwettbewerben teilnehmen, sondern wegen der Herausforderung, sich mit anderen Wissenschaftlern aus aller Welt zu messen (vgl. Reichwald/Piller 2009a, S. 168; Picot/Doeblin 2009, S. 194). Denn die beste Idee wird nicht nur mit einem hohen Honorar gewürdigt, sondern der Name des Problemlösers wird auch veröffentlicht, was zu einer Steigerung der Reputation des Problemlösers führt (vgl. Reichwald/Piller 2009a, S. 205). Fallen Mitglieder durch gute Leistungen in der Community positiv auf, werden Recruiter namhafter Unternehmen des Innocentive-Netzwerkes auf sie aufmerksam, was möglicherweise zu weiteren Aufträgen oder sogar attraktiven Jobangeboten führt.

7.1.7 Zusammenfassung zu Innocentive

Im Rahmen der Fallstudienuntersuchung zu Innocentive konnte ermittelt werden, dass das Einbinden von branchenfremden Experten mittels Innocentive die Effizienz des

Innovationsprozesses steigert und somit als eine erfolgreiche Methode des Open-Innovation-Ansatzes und als Erfolgsfaktor zur Optimierung des Innovationsprozesses von Unternehmen zu identifizieren ist. Durch die Reichweite des Internets kann das Unternehmen auf einen breiten Wissenspool von Experten aus verschiedenen Bereichen zugreifen und überwindet somit direkt zu Beginn des Innovationsprozesses das Problem der lokalen Suche. Dadurch, dass die Suche aller Beteiligten des Wettbewerbs parallel abläuft, wird der Lösungsraum größer und das mögliche Ideenspektrum vielfältiger. Dies wird unterstützt durch eine Selbstorganisation der Aufgabenzuweisung, denn Mitglieder entscheiden selbst gemäß ihrer Kompetenz, ob sie bereit und fähig sind, eine Aufgabenstellung zu lösen. Dies reduziert das Risiko einer Fehlallokation von Ressourcen im Unternehmen. Durch eine Öffnung ist der Prozess beschleunigt, die Lösungswahrscheinlichkeit höher und die Gesamtkosten für das ausschreibende Unternehmen sind letztendlich geringer. Erst die Suche nach spezifischen Lösungsinformationen auf den Schnittstellen zwischen einer Vielzahl von Fachgebieten und einem breiten Wissenspool ermöglicht die Lösung manch komplexer Problemstellungen. Dies führt nicht nur zu bahnbrechenden Lösungen, sondern auch zu kürzeren Einführungszeiten für Produkte (vgl. Gassmann 2013, S. 102).

Den Ergebnissen der Studie von Lakhani konnte entnommen werden, dass die Integration von branchenfremden Experten über das Internet den Zeitaufwand des Innovationsprozesses, die Time-to-Market, drastisch von mehreren Monaten auf wenige Tage verkürzt und die Cost-to-Market reduziert (Kapitel 7.1.3). Der Verlust von Intellectual Property (geistigem Eigentum), welches eine der Hauptsorgen von Unternehmen ist, konnte nicht als mögliches Risiko beim integrativen Einsatz von Innocentive im Innovationsmanagement identifiziert werden. Durch das professionelle System der Plattform wird den auftraggebenden Unternehmen zum einen Anonymität und zum anderen Schutz ihrer Firmengeheimnisse gewährt. Problemlösern wird ein sicherer Transfer ihres geistigen Eigentums an die Unternehmen mit adäquater Entlohnung garantiert. Diese Zeitersparnis und der professionelle Schutz haben ihren Preis, sodass kleine Unternehmen voraussichtlich nicht von Innocentive profitieren werden. Meist sind es eher die großen produzierenden Unternehmen sowie Dienstleistungsunternehmen, die das Potenzial von Open-Innovation-Maßnahmen wie das Dienstleistungsangebot von Innocentive für ihre Forschung und Entwicklung nutzen können.

7.2 Fallstudie: Threadless

Jedoch belegen kleine, aber erfolgreiche Unternehmen und junge Start-ups, im Speziellen durch die Nutzung von Crowdsourcing, dass dieser Ansatz als Geschäftsmodell funktioniert und erfolgreich kommerzialisierbar ist. Eines der Ersten dieser Art war das im Jahr 2000 gegründete Unternehmen Threadless, welches Untersuchungsgegenstand des nächsten Kapitels ist. Threadless ist der Beweis für die erfolgreiche Nutzung des

Crowdsourcing-Prinzips als ganzheitliches Geschäftsmodell und Vorreiter für eine Vielzahl von Start-ups in diesem Bereich. Es beweist mit seinem Crowdsourcing-Geschäftsmodell sogar Konkurrenzfähigkeit gegenüber großen Modeherstellern der Modebranche.

7.2.1 Threadless als Marktplatzplattform

Genauso wie Innocentive ist Threadless eine der ersten Plattformen ihrer Art und hat sich seither sowohl als innovatives wie auch nachhaltig erfolgreiches Geschäftsmodell bewiesen. Es wurde bereits 2000 in Chicago von Jake Nickell and Jacob DeHart gegründet (vgl. Reichwald/Piller 2006, S. 2) und hat sich seitdem stetig weiterentwickelt. Bekannte Autoren, im Speziellen Piller et al., haben sich bereits ausgiebig mit diesem Phänomen beschäftigt (vgl. Ogawa/Piller 2006; Piller 2010; Reichwald/Piller 2006; Reichwald/Piller 2006a). Obwohl der Crowdsourcing-Begriff erst 2006 durch Howe ins Leben gerufen wurde, basiert die Geschäftsidee dieser Marktplatzplattform auf einer Kombination der Charakteristiken des Ideenwettbewerbs, Crowd Creation und Crowdvoting. Dazu passt sich das innovative Unternehmen stetig aktuellen Marktgegebenheiten und Trends an, wie die Einführung einer Crowdfunding-Funktion auf der Plattform im August 2014 zeigt.

Ursprünglich von zwei Studenten gegründet, erwirtschaftete Threadless im Jahre 2006 mit gerademal 20 festen Mitarbeitern Gewinne von einer halben Million Dollar pro Monat (vgl. Ogawa/Piller 2006). Seit 2006 stieg der jährliche Umsatz des Unternehmens um 150% (vgl. Piller 2010, S. 3). Im Jahre 2010 zählt das Unternehmen 51 Mitarbeiter und erzielt mit dem Verkauf von 160.000 bis 170.000 T-Shirts pro Monat einen Jahresumsatz von 30 Millionen Dollar und einen Gewinn von ca. 9 Millionen Dollar (vgl. Piller 2010, S. 3). Im Jahr 2014 sind es 55 Mitarbeiter (vgl. Chicago Tribune 2014) und der aktuelle Jahresumsatz lässt sich mit dem eines etablierten Modehauses vergleichen (vgl. Litvski 2014).

Threadless bietet Hobby- und qualifizierten Designern eine Plattform und einen Marktplatz, um ihre kreativen Grafikdesigns zu veröffentlichen, von der Community bewerten und letztendlich von Threadless drucken, online anbieten und verkaufen zu lassen. Die Produktpalette zum Bedrucken für kreative Ideen der Designer reicht von Kleidungsstücken (z.B. T-Shirts, Pullover etc.) über Accessoires (z.B. Smartphone-Hüllen) bis zu Wandkunst (z.B. Poster). Threadless gibt durch ausgeschriebene Wettbewerbe, sogenannte Challenges, in regelmäßigen Abständen Themengebiete wie beispielsweise 3D-Illusionen, Videospiele, Horror oder Sommer vor (siehe Anlage 1), in denen sich die Designer im Wettbewerb untereinander messen können. Obwohl Threadless Eigenschaften der Marktplatzplattformen aufweist, dient es mittlerweile auch namhaften Unternehmen als intermediäre Plattform. Unternehmen aus unterschiedlichen Bereichen geben themenspezifische Wettbewerbe auf Threadless in Auftrag, um T-Shirt-Designs von der Community gestalten zu lassen. Dazu zählen z.B. der erfolgreiche Sandalenhersteller Havaianas, die Filmproduktionsfirma Disney Pixar und die Hilfsorganisation UNICEF. Aber auch technologische Großunternehmen nutzen Threadless für ihre Zwecke; so ließ Dell in einer Challenge Grafikdesigns für sein Exterieur von Notebooks generieren (vgl. Sommer 2010). 2007 wurde der erste Threadless-Shop, 2008 der erste Threadless-Kids-Shop im Einzelhandel eröffnet (vgl. Lockhorn 2009, S. 48). Der Eintritt in das Einzelhandelsgeschäft stellte sich jedoch als strategische Fehlinvestition heraus und zwang Threadless im Jahre 2013 ein Viertel der Arbeitsplätze zu streichen und Einzelhandelsgeschäfte zu schließen (vgl. Pletz 2014). Daraufhin wendete sich das Unternehmen stärker dem Onlinegeschäft zu und ging im gleichen Jahr eine Partnerschaft mit Tattoodo ein, einer Plattform zur individuellen Gestaltung von Tattoo-Skizzen.

Um im Detail aufzuzeigen, was Threadless so erfolgreich macht, wird nun der Produktentwicklungsprozess von Threadless einer Annahme des klassischen Prozesses der Modebranche gegenübergestellt, um im Anschluss die Erfolgsfaktoren von Threadless herauszustellen.

7.2.2 Der Produktentwicklungsprozess von Threadless und der Modebranche im Vergleich

Der klassische Produktentwicklungsprozess

Die Modeindustrie ist eine typische globale Industrie, in der die einzelnen Akteure und Fertigungsschritte im Produktionsprozess auf globaler Ebene miteinander verkettet sind (vgl. Aspers 2006, S. 69). Ein hoher Konkurrenzdruck als Folge einer Übersättigung des Marktes hat eine Verkürzung der Lebenszyklen der Produkte in der Modebranche zur Folge (vgl. Lockhorn 2009, S. 1). Durch eine erhöhte Innovationstätigkeit von Unternehmen werden mittlerweile nicht mehr nur die traditionellen Sommer- und Wintersaisonkollektionen, sondern bis zu zwölf unterschiedliche Kollektion pro Jahr von einem Hersteller angeboten (vgl. Ahlert/Große-Bölting/Heinemann 2009, S. 56f.). Von den Herstellern wird zunehmend mehr Flexibilität und Kreativität verlangt (vgl. Ahlert/Große-Bölting/Heinemann 2009, S. 57). Die Produkt- und Kollektionsentwicklung wird zu einer permanenten Aufgabe, die innerhalb kürzester Zeit mehr Output leisten muss (vgl. Ahlert/Große-Bölting/Heinemann 2009, S. 58f.). Der Produktentwicklungsprozess läuft bei einem Hersteller der Modebranche wie folgt ab.

Der Produktentwicklungsprozess beginnt mit der Ideengenerierung und endet mit der Umsetzung in ein Verkaufsmuster (vgl. Ahlert/Große-Bölting/Heinemann 2009, S. 58). Innerhalb von vier bis sechs Monaten werden neue Produktideen und Informationen zu neuen Trends gewonnen (vgl. Ahlert/Große-Bölting/Heinemann 2009, S. 58). Die gesammelten Produktideen werden in Zeichnungen und Designs umgesetzt, zu

Prototypen entwickelt und als Musterteile gefertigt, die dem Handel als Verkaufsmuster vorgestellt werden (vgl. Ahlert/Große-Bölting/Heinemann 2009, S. 58f.). In einem klassischen Modeunternehmen beauftragt der Designchef einen Verantwortlichen der Designabteilung mit der Gestaltung eines bestimmten Motivs, Designs oder Prototyps (vgl. Reichwald/Piller 2006a, S. 191). Nach der Fertigstellung der Prototypen wird entschieden, welche Teile in ein Verkaufsmuster überführt und welche noch optimiert werden müssen. Hier kann es zu Verzögerungen und steigenden Kosten durch sich im Prozess wiederholende Schleifen kommen. Ist die Entwicklung erfolgreich abgeschlossen, erfolgt die Verkaufs- und Vermarktungsphase an den Handel (vgl. Ahlert/Große-Bölting/Heinemann 2009, S. 59). Der gesamte Prozess kann folglich im Durchschnitt mehrere Monate in Anspruch nehmen. Der Modehersteller CBR Fashion Group gibt beispielsweise in einer Case Study an, dass von der Kreierung des Trends bis zum Verkauf des Kleidungsstückes im Handel ca. 90 Tage liegen, und bezeichnet sich selbst als das schnellste Modeunternehmen Deutschlands (vgl. CBR 2014, S. 3).

Der Produktentwicklungsprozess von Threadless

Zunächst ist vorwegzunehmen, dass Threadless die Leistungserstellung, d.h. die Herstellung und Distribution, komplett selbst steuert. Das Unternehmen generiert Grafikdesigns für T-Shirts mittels der Community, bedruckt die T-Shirts und verkauft sie über eigene Distributionskanäle (online und eigene Filialen) an die Endkunden. Der Einzelhandel ist folglich nicht als Vertragspartner zum Verkauf an den Endkunden zwischengeschaltet.

Der Produktentwicklungsprozess beginnt mit der Ideengenerierung. Die Mitglieder der Community setzen ihre originellen Ideen mittels einer Grafiksoftware in ein digitales Grafikdesign um. Threadless muss folglich kein eigenes aufwendig programmiertes Toolkit zur Verfügung stellen, sondern empfiehlt branchenübliche Bildbearbeitungsprogramme. Die Designs müssen ein bestimmtes Format, eine Mindestgröße und Auflösung vorweisen. Ein bereitgestellter Werkzeugkasten zur Einreichung der Grafiken, ein sogenanntes „Submission Kit“, vermittelt wissenswerte Informationen und stellt Templates zum Download zur Verfügung (siehe Anlage 2). Templates ermöglichen es Designern, ihre Grafik auf ihrem bevorzugten Produkt, z.B. einem T-Shirt, grafisch zu platzieren, damit der Kunde sehen kann, wie das Design auf dem Produkt tatsächlich aussieht.

Die Plattform verfügt über ein Forum, in dem Mitglieder ihre Entwürfe veröffentlichen, diskutieren und gemeinsam mit Hilfe der Community stilistisch verbessern können. Durch diesen Kollaborationsprozess kann das Forum von Threadless als zusammenarbeitsbasierte Crowd Creation bezeichnet werden. Zusätzlich dient das Forum dem Zweck, Plagiate von Designs mit Hilfe der Community (kollektive Intelligenz) zu erkennen (vgl. Ogawa/Piller 2006) und Produkte vor Nachahmern im Internet zu schützen (vgl. Reichwald/Piller 2006, S. 2). Wenn eine Idee erfolgreich in ein verwertbares Grafikkonzept umgesetzt wurde, ob unter Einzel- oder Zusammenarbeit, kann dieses vom Designer mit Hilfe des Submission Kits auf ein Template (T-Shirts, Pullover, Smartphone Case) gebracht und hochgeladen werden (siehe Anlage 2). Das zuständige Threadless-Team prüft zunächst, ob das Grafikdesign den technischen, rechtlichen und inhaltlichen Anforderungen entspricht, bevor dieses zur Bewertung durch die Community freigegeben wird.

Ist dies der Fall, wird das Grafikdesign auf der Plattform veröffentlicht und sieben Tage von der Community mittels einer Bewertungsskala von null bis fünf Punkten bewertet. Diese Methode entspricht charakteristisch der Ausprägung des Crowdvotings. Eine Kommentarfunktion ermöglicht es, das Design zu kommentieren. Ein guter Wert liegt bei einer Gesamtpunktzahl über 3,0 von 5 Punkten nach Abschluss der Bewertungsphase (vgl. Piller 2010, S. 4). Designer sind während der siebentägigen Bewertungsphase dazu aufgerufen, Werbung für ihr Design im Internet, im Speziellen in sozialen Netzwerken, zu machen. Erzielt ein Design in den ersten 24 Stunden vermehrt besonders schlechte Bewertungen, obliegt Threadless das Recht, es aus dem Wettbewerb zu nehmen (vgl. Piller 2010, S. 5) „www.threadless.com reserves the right to remove Content and User Submissions in its sole discretion and without prior notice“ (Threadless 2014a). Diese Vorgehensweise basiert auf den Erfahrungen von Threadless, dass die frühen Bewertungen und Feedbacks der Mitglieder der Community ein starker Indikator für den Erfolg oder Misserfolg eines Designs sind (vgl. Piller 2010, S. 5). Zusätzlich sorgt dies dafür, dass die Anzahl an Designs überschaubar, die Plattform benutzerfreundlich und die Wettbewerbe spannend und interessant bleiben. Weiter werden die Nutzer dazu angeregt, die Plattform kontinuierlich zu besuchen und stetig zu partizipieren (vgl. Piller 2010, S. 5). Designer veranlasst dies hingegen, gerade in den ersten Tagen vermehrt Werbung für ihr Design im Internet zu machen, um ausreichend potenzielle Käufer zu akquirieren.

Hat ein Designer bereits einen gewissen Status in der Community erreicht, hat er meistens eine größere Anzahl an Followern oder anders gesagt Fans, die seine Arbeit verfolgen. Diese werben zusätzlich für sein neues Design auf den Seiten ihrer sozialen Netzwerke, um ihn zu unterstützen. Die höchstbewerteten Designs werden von Threadless wöchentlich ausgewählt und einer weiteren internen Bewertung, einem sogenannten Review, unterzogen. Innerhalb des Reviews wird mittels festgelegter Bewertungsdimensionen entschieden, welche der höchstbewerteten Grafikdesigns das Potenzial zum Verkauf haben.

Ogawa/Piller fassen die Bewertungsdimensionen wie folgt zusammen:

> „(…) originality of the design (is it somehow timeless, not too similar to other recent winners), legal issues (are there any copyright related issues) and assortment policy (will the design contribute to a wide variety of styles)“ (Ogawa/Piller 2006).

Diese Vorgehensweise von Threadless zeigt, dass das Unternehmen erkannt hat, dass der kollektive Input seiner Kunden und Mitglieder der Community mit der Marktexpertise der erfahrenen internen Mitarbeiter kombiniert werden muss (vgl. Piller 2010, S. 4). Obwohl Threadless die Ideengenerierung und Ideenbewertung innerhalb des Fuzzy Front Ends des Innovations- und Produktentwicklungsprozesses durch Crowd Creation und Crowdvoting an die Community auslagert, wird eine finale Entscheidung über die mögliche Herstellung eines Produktes von Unternehmensseite getroffen.

Reichwald/Piller (2009b, S. 188) erwähnen in ihren Ausführungen im Jahre 2008 zu Threadless einen „I'd buy it“-Button, welcher besagt, dass ein Nutzer ein Design nicht nur gelungen findet, sondern es auch gegebenenfalls kaufen würde. Anhand des „I'd buy it“-Buttons konnte Threadless also ursprünglich abschätzen, wie viele potenzielle Käufer für das Design existieren, und eine Absatzmenge prognostizieren. Dieser „I'd buy it“-Button wurde nun durch einen „Fund it“-Button im Rahmen einer neuen Challenge im August 2014 testweise ersetzt. Der Test des „Fund it“-Buttons im Rahmen der Challenge war erfolgreich, sodass der „Fund it“-Button mittlerweile fester Bestandteil des Geschäftsprinzips ist. Dieser funktioniert wie eine Art verbindliche (Vor-)Bestellung für ein Produkt. Durch Anklicken des „Fund it“-Buttons vermitteln die Nutzer die Bereitschaft, das Kleidungsstück mit ihrem bevorzugten Grafikdesign zu kaufen:

> „Funding is like voting on Threadless submissions with your wallet! […] Fund it by entering your info just like you would for any purchase. If 50 people fund this design, we'll print it and ship it to you“ (Anlage 3).

Ein Grafikdesign muss folglich 50 Bestellungen erreichen, damit es von Threadless produziert wird. Eine Prozentzahl gibt an, wie weit ein Grafikdesign vom eigentlichen Druck entfernt ist (siehe Anlage 3). Je höher die Bewertung eines Grafikdesigns ist, desto weiter oben wird es auf der Plattform angezeigt. Das ermutigt Designer stetig, Werbung für ihre Designs zu machen, damit ihr Design durch eine hohe Wertung weit oben aufgelistet wird. Designer erhalten einen „Promo-Code“ (Promotion-Code), den sie im Rahmen ihrer Vermarktungs- und Werbeaktivitäten für ihr eigenes Design in sozialen Netzwerken teilen können (Threadless 2014d). Käufer des T-Shirt-Designs bekommen mit diesem Promo-Code einen einmaligen Fünf-Dollar-Rabatt und der Designer erhält die doppelten Abgaben des ihm ausgezahlten T-Shirt-Ertrages (Threadless 2014d). Threadless ergänzt folglich sein erfolgreiches, auf Crowd Creation basierendes, Geschäftsmodell durch das Crowdfunding-Prinzip zur Finanzierung der Produkte der Designer.

Wenn also das Design den Anforderungen entspricht und eine gewisse Anzahl an Personen ihre Absicht zum Kauf eines der T-Shirt-Designs durch ausreichend „Funds“ gezeigt hat, wird das Design als Produkt in das Produktprogramm aufgenommen und steht für ein mögliches Reprint bereit. Wird ein Produkt zum Verkauf angeboten, wird die Leistung des Designers mit 2000 Dollar, einem Gutschein für Threadless-Produkte in Höhe von 500 Dollar, einem T-Shirt-Exemplar des Grafikdesigns und einem 250-Dollar-Amazon-Gutschein honoriert (siehe Anlage 4). Für jedes verkaufte Produkt mit dem Grafikdesign des Designers bekommt der Designer 20% des Nettoertrages (vgl. Threadless 2014b). Es besteht auch die Möglichkeit, ausverkaufte T-Shirts nachdrucken zu lassen (Reprint). Auch hier achtet Threadless darauf risikominimierend zu produzieren und Skaleneffekte nutzen zu können. Denn Threadless sammelt zunächst die Vorbestellungen, um die Reprints bei einer bestimmten Mindestmenge nachzuproduzieren (vgl. Lockhorn 2009, S. 49). Der gesamte Produktentwicklungsprozess von Threadless dauert ca. einen Monat von der Bewertung des Grafikdesigns, dessen Druck auf Textilprodukte und Accessoires bis zum Verkauf der Produkte. Abbildung 8 stellt den zuvor beschriebenen Innovations- und Produktentwicklungsprozess von Threadless anhand des zuvor definierten Innovationsprozesses zusammenfassend grafisch dar.

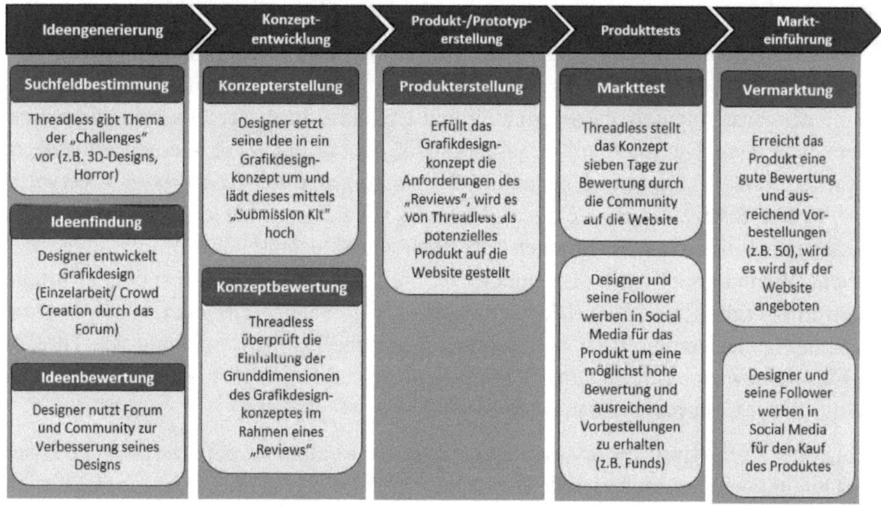

Abbildung 8: Der Ablauf des Innovationsprozesses von Threadless; Quelle: Eigene Darstellung.

7.2.3 Von der Selbst- zur Feinselektion bei Threadless

Bis ein Design auf Threadless erscheint, durchläuft es einen selektiven Prozess, von einer Selbstselektion der Mitglieder bis zu einer Feinselektion durch Threadless. Durch Threadless Anspruch an originelle und digital professionell aufbereitete Eigenkreationen mit einem bestimmten Format und einer bestimmten Auflösung erfolgt in gewissermaßen eine erste Selektion. Das Unternehmen stellt somit auf organisatorischer Ebene sicher, dass die kreativen Ideengeber über gewisse Kompetenzen zur Gestaltung eines professionellen T-Shirt-Designs verfügen. Folglich werden die meisten erfolgreichen Designs von qualifizierten Grafikdesignern mit typischen Lead-User- oder Trendsetter-Eigenschaften erstellt (vgl. Piller 2010, S. 6). Selbst erfahrene Designer müssen es zunächst schaffen, ihre kreative Idee in ein originelles Design umzusetzen und schließlich die Community und Threadless von ihrem Design zu überzeugen. Teilweise hat auch die Geschichte oder die Aussage des Designs starke Auswirkungen auf die Bewertung. Der Anspruch an die Qualität der Designs und an eine stimmige Gesamtkonzeption ist folglich sehr hoch, sodass dies ebenfalls ein selektiver Faktor sein kann. Bringen die Ideengeber nicht zumindest Grundkenntnisse über digitale Grafik- oder Bildbearbeitung mit, haben sie wenige Chancen, die erste Phase des Auswahlprozesses zu überwinden. Um kreativen Ideengebern ohne Kenntnisse im Bereich digitaler Bildbearbeitung den Einstieg zu erleichtern, stellt Threadless Tutorials (filmische Gebrauchsanweisungen) zur Verfügung, die beispielsweise die professionelle Umsetzung einer eingescannten Bleistiftzeichnung in ein digitales Grafikdesign mit hoher Auslösung und dem richtigen Format erklären (Threadless 2014e).

Eine weitere Selektion erfolgt durch die Kommentierung, verbale Bewertung und Verbesserung durch die Community eines zunächst im Forum veröffentlichen Designs im Sinne der zusammenarbeitsbasierten Crowd Creation. In dieser Phase liegt die Entscheidung beim Designer, ob er seine Grafik gemäß der Verbesserungsvorschläge optimiert, ohne Veränderung hochlädt oder sie aufgrund der Kritik einfach verwirft. Im nächsten Schritt dieses selektiven Prozesses wird durch Threadless geprüft, ob das Design den stilistischen, rechtlichen, inhaltlichen und technischen Anforderungen entspricht. Wenn dieser Schritt überwunden ist, hat es das Design zunächst einmal auf die Plattform geschafft und der selektive Prozess ist vorerst abgeschlossen. Nun gilt es die siebentägige Bewertung der Community und letztendlich die Bewertung von Threadless im Review zu bestehen, um die ersten Schritte auf dem Weg zu einem anerkannten Designer der Community zu meistern.

Trotz dieses selektiven Prozesses, der eine gewisse Kompetenz der Designer und somit die Qualität der Designs sicherstellt, möchte Threadless auch die Zielgruppe bedienen, die ein T-Shirt individuell gestalten möchte, jedoch keine Kenntnisse in Grafikdesign mitbringt. Daher bietet Threadless eine kostenlose App namens Type-tee an, die es dem Nutzer ermöglicht, einen eigenen simplen Slogan zu kreieren und diesen mit einer Hand voll benutzerfreundlicher Funktionen grafisch individuell aufzuarbeiten, um das Design letztendlich für sich drucken zu lassen (vgl. Chicago Tribune 2014). Die Type-tee-App bedient eine bisher nicht eingebundene Zielgruppe und kann den Toolkits für User-Co-Design zugeordnet werden.

7.2.4 Schutz und Transfer des geistigen Eigentums bei Threadless

Wie zuvor schon erwähnt, dient das Forum neben der Kommunikation zwischen den Mitgliedern dem Schutz vor Plagiaten und Nachahmern von Grafikdesigns. Neben dem Forum geben die Kommentare unter einem Design Aufschluss über mögliche Nachahmungen, denen Threadless nachgeht (vgl. Piller 2010, S. 4). Im Prozessschritt des Reviews werden hochgeladene Grafikdesigns hinsichtlich geschützter Inhalte durch Threadless geprüft. Des Weiteren versichert sich das Threadless-Team im Rahmen des Reviews, dass kein Betrugsfall vorliegt, indem ein Nutzer beispielsweise durch das Analysieren von IP-Adressen und einem IP-Skript den Bewertungsvorgang oder das Ergebnis manipuliert hat (vgl. Piller 2010, S. 5).

Threadless legt in seinen Nutzungsbedingungen der Plattform fest, dass es ein einfaches Nutzungsrecht an eingereichten Grafikdesigns besitzt, d.h., es kann diese drucken und als Produkte verkaufen: „when you submit a design, you are granting Threadless and our partners a non-exclusive right to print an sell your design on any product" (vgl. Threadless 2014c). Designer ermöglichen Threadless folglich durch das Hochladen ihrer Grafikdesigns und die Teilnahme an Wettbewerben ihre kreativen Ideen neben dem Verkauf auch auf verschiedene andere Art und Weise zu verwenden. Seit dem 1. April 2014 ist es Designern jedoch aufgrund einer Änderung der Nutzungsbedingungen gestattet ihre Designs auch auf anderen Websites und Wegen zu verkaufen. Diese Neuerung unterliegt indes einer Restriktion. Wenn das Design im Rahmen eines Wettbewerbs eines Auftraggebers oder Partnerunternehmens von Threadless wie beispielsweise Disney, Marvel oder Pixar designt und verkauft wurde, halten diese Unternehmen das Nutzungsrecht (vgl. Threadless 2014b). Eine Liste dieser Unternehmen können Designer auf Threadless einsehen (vgl. Threadless 2014c).

7.2.5 Motivationsfaktoren für Designer bei Threadless

Genauso wie bei Innocentive stellt sich die Frage, welche intrinsischen und extrinsischen Motivationsfaktoren die Mitglieder dieser Marktplatzplattform dazu bewegen, sich kontinuierlich an der Community zu beteiligen. Ein ausschlaggebender Faktor extrinsischer Natur ist die Möglichkeit, Geld zu verdienen. Denn das Honorar auf Threadless (2.000 Dollar) ist deutlich höher als das durchschnittliche Honorar, das von einem klassischen Modeunternehmen an einen Designer für ein Grafikdesign gezahlt wird (300 bis 500 Dollar) (vgl. Piller 2010, S. 6). Ein jedoch viel wichtigerer Faktor ist, sich einen Namen in der professionellen Designerszene zu machen, denn der Markt ist für Neueinsteiger schwer zu erschließen (vgl. Piller 2010, S. 6). Threadless bietet Designern eine attraktive und etablierte Plattform, um ihre Kompetenz mittels ihrer Arbeiten unter Beweis zu stellen. Bedeutende intrinsische Motivationsfaktoren sind dabei das Streben nach einem hohen Status und Ansehen in der Community und das Messen mit anderen Designern. Der Unterhaltungsfaktor und das Zugehörigkeitsgefühl zu einer festen Community sind ebenfalls als intrinsischer Motivationsfaktor, die Plattform kontinuierlich zu besuchen, zu identifizieren. Denn die Mitglieder fühlen sich keineswegs ausgenutzt, sondern zeigen große Begeisterung für das Unternehmen, das ihnen das Mitwirken ermöglicht (vgl. Reichwald/Piller 2009b, S. 189).

7.2.6 Zusammenfassung zu Threadless

Threadless nutzt wettbewerbsbasiertes Crowd Creation in Designwettbewerben zu spezifischen Themen und greift dabei aktuelle Trends auf, um marktnahe und bedürfnisorientierte Produkte hervorzubringen, wie z.B. den Designwettbewerb Horror an Halloween. Im Zuge der kollaborativen Optimierung von Grafikdesigns innerhalb des Forums kann von zusammenarbeitsbasierter Crowd Creation gesprochen werden. Die Bewertung durch Crowdvoting mittels eines Bewertungssystems von 0 bis 5 Punkten gibt Aufschluss darüber, ob ein Grafikdesign über Erfolgs- und Absatzpotenzial verfügt. Threadless lagert somit fast alle wertschöpfenden Aufgaben an die Community aus (vgl. Piller 2010, S. 4), was die Community von essentieller Bedeutung für den Unternehmenserfolg macht. Die Integration der Community erfolgt zu einem gewissen Grad in jeder Phase der Wertschöpfung, wie anhand der Abbildung 8 zum Innovationsprozess aufgezeigt wurde.

Im Fall von Threadless kann von einer Community gesprochen werden, da die Beteiligung und Interaktion zwischen den Mitgliedern dem crowdsourcingbasierten Geschäftsmodell eine Eigendynamik verleiht. Designer und motivierte Mitglieder der Community übernehmen neben der Ideengenerierung und -bewertung (Crowd Creation/Crowdvoting) die Verantwortung für die Werbung und akquirieren neue Nutzer und Kunden (vgl. Piller 2010, S. 4). Im weiten Sinne können Designer der Community zum Mitarbeiterkreis gezählt werden, da sie Threadless alle Ideen für ihre Produktpalette liefern und sie sogar bewerben. Als Ideengeber initiieren sie den Innovationsprozess im Fuzzy Front End, indem sie den bedeutenden Bestandteil der Phase der Ideengenerierung darstellen. Da sie nicht nur eine Idee liefern, sondern diese auch direkt in einem Grafikdesign konzipieren und sogar das Produktangebot (T-Shirts, Smartphone-Hüllen, Poster) zum Bedrucken auswählen, liefern sie dem Unternehmen wichtige Lösungsinformationen in der Phase der Konzeptentwicklung. Mitglieder der Community sind durch die Bewertung von Designs, ihre Beiträge und Verbesserungsvorschläge im Forum und in der Kommentarfunktion im Falle von Threadless als Quelle der Marktforschung anzusehen, die bedeutende Bedürfnisinformationen über das Produktpotenzial liefert.

Folglich kommt Threadless durch die Auslagerung der Ideenbewertung an die Community ohne zeitaufwendige und kostenintensive Marktforschungsaktivitäten aus. Obwohl Produkte wie T-Shirts „Hit-or-Miss“-Produkte sind, sie schnelllebigen Trends der Modebranche unterliegen und ihr Erfolg von der richtigen Verkaufs- und Distributionsstrategie abhängt, ist keine der Produktvarianten von Threadless jemals gefloppt (vgl. Piller 2010, S. 3). Denn Threadless bietet ein breites Produktspektrum an, ohne dabei hohe Investitionen in die Marktforschung tätigen zu müssen (vgl. Faber 2008, S. 45). Dieser Erfolg basiert jedoch nicht nur auf dem Einsatz von Crowdvoting, sondern der zusätzlichen Ergänzung einer internen Expertenbewertung durch ein Threadless-Team. Diese Vorgehensweise von Threadless zeigt, dass der kollektive Input seiner Kunden und Mitglieder der Community mit der Marktexpertise der erfahrenen internen Mitarbeiter kombiniert werden muss (vgl. Piller 2010, S. 4) und die finale Entscheidung für oder gegen ein Produkt auf der Unternehmensseite bleiben sollte.

Zusätzlich zum Crowd Creation im Forum (zusammenarbeitsbasiert) und in Wettbewerben (wettbewerbsbasiert), zur Bewertung durch Crowdvoting und interne Expertenjurys nutzt Threadless Crowdfunding mittels des kürzlich eingeführten Funding-Systems. Anhand der Ergebnisse der „Funds" oder anders gesagt der Vorbestellungen erhält Threadless genaue Informationen über einen festen Mindestabsatz, bevor es die Produktion veranlasst und somit Ressourcen für die Finalisierung, Vermarktung und den Verkauf des Produktes bindet. Dies hilft sowohl den Designern als auch Threadless besser im Voraus planen zu können. Erreicht ein T-Shirt-Design nicht genügend Vorbestellungen, kann es trotz seiner Höchstbewertung durch die Community noch von Threadless verworfen werden, bevor Threadless Investitionen tätigt (vgl. Ogawa/Piller 2006). Das Funding-System ermöglicht somit, das potenzielle Floprisiko stark zu reduzieren. Neben einem verminderten Floprisiko erlaubt das System die Nutzung von Skaleneffekten bei der Produktion (vgl. Ogawa/Piller 2005 zitiert in Reichwald/Piller 2006, S. 2f.). Da ein Grafikdesign erst bei einer Anzahl von mindestens 50 vorbestellten T-Shirts gedruckt wird, kann Threadless Produktionsmengen und -abläufe im Voraus planen. Durch das Funding-System kombiniert Threadless sein auf Crowd Creation und Crowdvoting basierendes Geschäftsmodell mit Crowdfunding und folgt damit nicht nur einem gegenwärtigen Onlinetrend, sondern kann auch weitreichende Erfolgseffekte realisieren.

8 Abschlussbetrachtung und Ableitung der Erfolgsfaktoren aus der Untersuchung von Praxisbeispielen und Fallstudien

Auf Erfolgsfaktoren aus der Innovationsliteratur können sich Unternehmen in der Praxis nur schwer stützen, da diese auf bestimmten Grundbedingungen basieren und somit nicht allgemeingültig sind (vgl. Stern/Jaberg 2010, S. 10). Erfolgsfaktoren lassen sich nicht einmal mehr innerhalb einer Branche von einem auf das andere Unternehmen übertragen (vgl. Stern/Jaberg 2010, S. 10). Jedoch ist es möglich, erfolgreiche Praktiken und Methoden einzelner Unternehmen zu untersuchen, zu abstrahieren und mögliche Erfolgsfaktoren zu extrahieren. Aufgrund dessen wurde im Rahmen dieses Buches ergänzend zur Literaturdurchsicht eine Untersuchung von Internetplattformen aus der Praxis durchgeführt, da diese einen praktischen Beweis für den Nutzen und Erfolg der Open-Innovation- und Crowdsourcing-Ansätze liefern. Es konnte festgestellt werden, dass Praktiken und Ansätze mancher Internetplattformen über das Potenzial verfügen, gewisse Schwächen des Innovationsmanagements aus Kapitel 3.4 zu reduzieren. Zwar können die Leistungsangebote dieser Plattformen nicht von jedem Unternehmen in Anspruch genommen werden, jedoch sind vereinzelt Praktiken und deren Erfolgspotenziale identifizierbar, die möglicherweise in abgewandelter Form erfolgreich abstrahiert und auf ein weiteres Unternehmen übertragbar sind. Dazu wurden aus Studienergebnissen und der Literatur ermittelte Risiken möglichen Lösungen gegenübergestellt. Im Verlauf dieses Buches wurde kontinuierlich ein kausaler Zusammenhang zwischen Schwächen (Kapitel 1; Kapitel 3.4), Methoden und Lösungen (Kapitel 6; Kapitel 7) und möglichen Risiken (Kapitel 5.2.2) hergestellt. Im Rahmen des letzten Kapitels werden nun die ermittelten Erfolgsfaktoren aus der Praxis unter Berücksichtigung möglicher Risiken zusammengefasst. Zusätzlich sind die Ergebnisse in einer Tabelle (Anhang, Anlage 6) anschaulich gegenübergestellt.

Zu Beginn dieser Ausarbeitung wurde festgestellt, dass Innovationen den wichtigsten Faktor für den nachhaltigen Erfolg eines Unternehmens darstellen. Trotz alledem weisen Unternehmen weiterhin Schwächen in ihrem Innovationsmanagement und ihren Innovationsstrategien auf. Die Innovationskraft erfolgreich innovierender Unternehmen ist auf eine Zusammenarbeit mit externen Akteuren verschiedenster Art zurückzuführen. Studienergebnisse haben einerseits bewiesen, dass Unternehmen das Potenzial des Open-Innovation-Ansatzes erkannt und bereits erfolgreich in die Praxis umgesetzt haben. Andererseits bezeugen weitere Studienergebnisse, dass bei der Umsetzung von Open Innovation und dem Umgang mit dem Thema Innovation Optimierungs- und Verbesserungspotenziale bestehen und manche Unternehmen aufgrund von möglichen Risiken (z.B. Wissensabfluss) Open Innovation als umstrittenen Ansatz betrachten.

Im Rahmen der Untersuchung zu Schwächen des Innovationsmanagements konnten Optimierungspotenziale bei der Ideengenerierung festgestellt werden. Der Studie von PwC (2013, S. 12) aus dem Jahr 2013 nach zu urteilen, reagieren die Unternehmen auf dieses Defizit, denn 70% der befragten deutschen Unternehmen geben an, dass sie zukünftig vermehrt eine Entwicklung innovativer Produkte und Dienstleistungen in Kooperation mit wissenschaftlichen Instituten anstreben. Das Bestreben von Unternehmen, verstärkt mit wissenschaftlichen Einrichtungen zu kooperieren, ist zwar eine Methode, neue Produkte, radikale Innovationen und Technologien zu generieren und somit möglicherweise das Defizit an Ideen oder die Schwächen der Ideengenerierung zu lösen. Jedoch basiert die Arbeit von wissenschaftlichen Einrichtungen wie Universitäten eher auf Grundlagenforschung (vgl. PwC 2013, S. 14). Eine umsichtige Berücksichtigung von Kundenbedürfnissen und zukünftigen Markttrends stellt meist keinen primären Bestandteil dieser Forschungsaktivitäten dar. Die Zusammenarbeit mit Kunden im Rahmen von Crowd Creation (vgl. Chesbrough/Brunswicker 2013, S. 3) bringt hingegen marktnähere Innovationsergebnisse hervor (vgl. PwC 2013, S. 14), die den gegenwärtigen und zukünftigen Marktbedürfnissen entsprechen. Das Ergebnis der Studie des Fraunhofer-Instituts belegt, dass Unternehmen das Potenzial von Crowd Creation erkannt haben, indem Customer-Crowd-Creation als eine der führenden und wichtigsten Praktiken bewertet wird (vgl. Chesbrough/Brunswicker 2013, S. 3). Den Erfolg von Crowdsourcing und seinen Ausprägungen als Teil von Open Innovation bezeugen die verschiedenen behandelten Plattformen wie Unseraller, 99designs, Tchibo-ideas, Threadless und Innocentive sowie die Praxisbeispiele von Kärcher und VW. Diese erfolgreichen Praxisbeispiele, ihre Erfolgsfaktoren, Vorgehensweisen und Praktiken stellen somit ein mögliches Vorbild zur Abstrahierung für andere Unternehmen dar.

Ausprägungen der Crowd Creation sind wettbewerbs- und zusammenarbeitsbasierte Crowd Creation. Ergebnis dieser Ausprägungen sind je nach Aufgabenstellung und Unternehmen oder Geschäftsmodell fertige Lösungen wie Produktkonzepte (z.B. UnserAller), technische Lösungen (z.B. Innocentive), aber auch Werbesprüche oder Grafikdesigns (z.B. 99Designs), die eine bestimmte Unternehmensnachfrage oder ein Kundenbedürfnis stillen. Die Crowd oder Community liefert im Zuge des Crowd Creation sowohl wertvolle Bedürfnis- als auch Lösungsinformation. Lösungsinformationen werden meist in Form von fertigen Komplettlösungen wie z.B. Produktkonzepten geliefert. Die Komplettlösungen verfügen in den meisten Fällen über einen hohen Grad an Innovativität, Funktionalität und eine hohe Marktakzeptanz. Unternehmen, die Crowd Creation praktizieren, lagern somit die Transferierung von erhobenen Bedürfnisinformationen in ein konzeptionelles Leistungsangebot (z.B. Produkt) an die externen Akteure, Crowd oder Community aus. Dies vermindert die Verzögerung durch iterative Schleifen als zuvor identifizierte Schwäche des Innovationsprozesses und -managements.

Iterative Schleifen werden meist durch qualitativ unzureichende Bedürfnis- und Lösungsinformationen verursacht. Beispielsweise kann in der Phase der Produkt-/Prototypentestung festgestellt werden, dass das Produkt oder der Prototyp nicht mehr den aktuellen Kundenbedürfnisinformationen entspricht. Somit müssen die vorangehenden Phasen der Konzepterstellung sowie der Produkterstellung nochmal durchlaufen werden, was zu zeitlichem und wirtschaftlichem Mehraufwand führt (Kapitel 3.2). Um diesem Mehraufwand zu entgehen, tendiert die Mehrheit der Unternehmen dazu, Innovationsprojekte frühzeitig abzubrechen, sodass nur 37% aller Entwicklungsprojekte zu einer Einführung neuer Produkte auf dem Markt führen (vgl. Erhardt 2013). Crowd

Creation und Crowdvoting besitzen durch ihre Eigenschaften das Potenzial, die Abbruchquoten von Entwicklungsprojekten zu senken. Sie können früh im Innovationsprozess eingesetzt werden (Fuzzy Front End) und die Instrumente der traditionellen Marktforschung sinnvoll ergänzen, da diese teilweise Schwächen bei der Erhebung hinsichtlich der Qualität von Marktinformationen aufweisen. Insbesondere durch die uneingeschränkte Reichweite des Internets ermöglichen diese Formen die Erhebung von Bedürfnis- und Lösungsinformationen von unbekannten Zielgruppen sowie potenziellen Neukunden und sogar den Bedürfnissen eines ausländischen Marktes, wie das Beispiel von Kärcher in Japan gezeigt hat (Kapitel 5.1). Im Fall Kärcher wäre der Einsatz von traditionellen Marktforschungsinstrumenten sehr aufwendig gewesen und die Transferierung bekannter Bedürfnisinformationen des europäischen auf den japanischen Markt hätte voraussichtlich zu Produktflops geführt.

Zudem wird der Kunde bei der traditionellen Marktforschung oft als statische Durchschnittsgröße betrachtet, was jedoch bei zunehmender Produktheterogenität, und dynamischen Marktverhältnissen mit sich schnell ändernden Kundenbedürfnissen als fragwürdig zu betrachten ist (Kapitel 3.4). Crowdvoting kann als Erhebungsinstrument eingesetzt werden, um marktnahe Informationen wie spezifische Kundenbedürfnisse zu erhalten. Dabei dient die Crowd, die im Idealfall eine Community ist oder deren Charakteristiken entspricht, als Quelle für Bedürfnisinformationen. Aufbauend auf den erhobenen Ergebnissen kann das Unternehmen dann die spezifischen Bedürfnisinformationen in ein marktnahes Leistungsangebot überführen. Vorteile der Community eines Intermediärs zur Erhebung von Bedürfnis- und Lösungsinformationen gegenüber anderen Formen, wie z.B. über eine Unternehmenswebsite oder in sozialen Netzwerken, sind das Zugehörigkeitsgefühl und Verantwortungsbewusstsein sowie das Streben nach Anerkennung der Mitglieder in der Community.

Die Fallstudienanalyse zu Threadless zeigt, dass fast die gesamte Wertschöpfung eines Geschäftsmodells an eine Community ausgelagert werden kann, wenn die richtigen Bedingungen geschaffen und Steuerungsmechanismen angewendet werden. Durch das Gemeinschafts- und Zugehörigkeitsgefühl ist die negative Manipulation oder absichtliche Verfälschung der Ergebnisse von Crowdvotings dann eher unwahrscheinlich. Trotzdem ist dies nicht vollständig auszuschließen. Bei Threadless überprüft beispielsweise ein erfahrenes Team die Ergebnisse der Bewertungsphase im Zuge des Reviews sowohl inhaltlich als auch algorithmisch auf Auffälligkeiten, um eine absichtliche Manipulation der Ergebnisse auszuschließen. Die Repräsentativität von Onlinebefragungen dieser Art ist kritisch zu betrachten. Auch wenn eine Produktidee oder ein fertiges Produkt eine hohe Bewertung im Rahmen des Crowdvotings erhalten hat, ist dies noch keine Garantie für den sicheren Erfolg und den Verkauf des Produktes am Markt. Um dieses Risiko zu eliminieren, ergänzt Threadless seine Crowdvotings durch den Einsatz von Crowdfunding (Funding-System). Das Funding-System verhindert, dass ein Produkt aufgrund von hohen Bewertungen im Crowdvoting produziert, Ressourcen gebunden und Kapital investiert wird, es jedoch letztendlich keine Abnehmer am Markt findet. Threadless integriert folglich das ursprünglich für die Teilfinanzierung großer Geldsummen gedachte Prinzip des Crowdfundings in sein Geschäftsmodell, erhält das konkrete Absatzpotenzial des Produktes und realisiert Skaleneffekte in seiner Produktion. Auch diese Ergänzung des Geschäftsprinzips durch eine weitere Ausprägung von Crowdsourcing kann anderen Unternehmen als vorbildliches Vorgehen dienen und abstrahiert werden.

Der Einsatz von Crowd Creation und Crowdvoting kann somit den Fit-to-Market erhöhen, indem marktnahe Produktideen und -konzepte geschaffen werden. Infolgedessen kann eine weitere identifizierte Schwäche des klassischen Innovationsmanagements, das hohe Floprisiko von Produkten, durch eine höhere Marktakzeptanz reduziert werden. Neben dem Fit-to-Market kann der New-to-Market erhöht werden, da durch die Erweiterung und Vergrößerung des Pools an Ideengebern mehr Ideen und vor allem neue Ideen für radikale Innovationen generiert werden. Weiter führt die Erhöhung der Effizienz einzelner Prozessschritte durch die partielle Integration von Open-Innovation-Methoden zur Reduzierung der Time-to-Market, also des Zeitraums von der Produktidee bis zur Vermarktung. Im Rahmen der Fallstudienanalyse zu Threadless (Kapitel 7.1.1) und Innocentive (Kapitel 7.2.1) konnten beim Vergleich ihrer Innovationsprozesse mit den klassischen Prozessen der zugehörigen Branchen bei beiden Plattformen effizienzsteigernde Effekte hinsichtlich des Innovationsprozesses festgestellt werden. Eine Erhöhung der Effizienz und die Verkürzung der Time-to-Market haben wiederum die Reduzierung der Kosten des Innovationsprozesses (Cost-to-Market), im Speziellen durch die Integration von externen Akteuren in das Fuzzy Front End, zur Konsequenz. Die Reduzierung der Kosten, generiert durch die Erweiterung des Suchradius und den Aspekt der Arbeitsteilung, muss im Rahmen einer Kalkulation dem Risiko steigender Koordinationskosten durch eine kurzfristige Erhöhung der Komplexität und des Koordinationsaufwandes gegenübergestellt werden. Höhere Koordinationskosten halten nach den Studienergebnissen von Enkel/Gassmann/ Chesbrough in der Studie des Fraunhofer-Instituts (2009 S. 313) 48% der Unternehmen vom Einsatz von Open-Innovation-Methoden ab. Die Koordinationskosten beziehen sich jedoch meist auf den gesamten Prozess und nicht auf die eigentliche Open-Innovation- oder Crowdsourcing-Methode. Die Crowdsourcing-Aktivitäten an sich machen nach Gassmann (2013, S. 18) einen geringeren Teil der Gesamtkosten aus. Der zusätzliche Koordinierungsaufwand und die dabei entstehenden Kosten können möglicherweise durch eine umsichtige Planung im Rahmen einer ganzheitlichen Innovationsstrategie (Organisation, Führung, Kultur) vermieden werden (Kapitel 3.4).

43% der Unternehmen geben in der Studie des Fraunhofer-Instituts an, dass sie Schwierigkeiten beim Finden eines geeigneten Kooperationspartners haben (vgl. Enkel/Gassmann/Chesbrough 2009, S. 313). Es ist anzunehmen, dass diese Unternehmen dem Problem der lokalen Suche unterliegen und ihren Suchradius auf die üblichen Akteure und die ihnen bekannte Domäne beschränken. Den Blick auf den Bereich branchenfremder Experten im Sinne des Open-Innovation-Ansatzes zu lenken und seine Kooperationsbereitschaft um Unternehmen aus fremden Branchen zu erweitern, kann innovative Impulse für den F&E-Bereich von Unternehmen hervorbringen. Zwar erhöht die Zusammenarbeit mit bis dato nicht integrierten Akteuren vorerst die Komplexität und den Koordinationsaufwand. Jedoch können als Ergebnis der Zusammenarbeit neue Produkte, radikale Innovationen und Technologien auf Basis von innovativen Attributen der Produkte der fremden Branche generiert werden, wie das Beispiel von Porsche (Kapitel 5.1) und die Fallstudienanalyse zu Innocentive (insbesondere Abschnitt 7.1.4) gezeigt hat. Bei der Zusammenarbeit mit Unternehmen einer fremden Branche ist primär nicht vom Risiko des Abflusses wettbewerbsrelevanten Wissens auszugehen, da das Unternehmen außerhalb des Konkurrenzbereiches und Marktes agiert. Dennoch kommt es bei Kooperationen zu einem Wissensabfluss bei beiden Parteien, der manchen Unternehmen zunächst Sorgen bereitet. Dieses Risiko kann durch ein vertraglich geregeltes Kooperationsverhältnis mit Geheimhaltungsvereinbarungen reduziert werden. Wenn im Zuge der Kooperation gemeinsame Innovationen entwickelt werden, sind der Schutz des geistigen Eigentums und das Nutzungsrecht zwischen den Parteien zu klären. Plattformen des F&E-Bereiches wie Innocentive haben sich auf den Schutz und Transfer geistigen Eigentums spezialisiert und können als Intermediär zwischengeschaltet werden.

Eine weitere Möglichkeit zur Lösung des Problems, einen geeigneten Partner zu finden (ob Unternehmen oder Experte) und dabei das Problem der lokalen Suche zu überwinden, bieten die verschiedenen Formen intermediärer Internetplattformen, die über ein nationales oder internationales Netzwerk von Unternehmen und Experten aus verschiedenen Bereichen verfügen. In der Studie des Fraunhofer-Instituts wird die Wichtigkeit von Communitys und intermediären Dienstleistern von Open Innovation und Crowdsourcing von den Unternehmen als niedrig eingestuft (vgl. Chesbrough/Brunswicker 2013, S. 3; S. 15). Diese Aussage wird im Verständnis des Autors und nach den Ergebnissen der Untersuchungen als kritisch und zweifelhaft betrachtet. Insbesondere nach der Identifikation der Schwächen des Innovationsmanagements ist es empfehlenswert, einen Blick auf diese Plattformen und ihre Vorgehensweise und Methoden als Praktiken zu richten.

Der Einsatz von Methoden zur Lösung des Problems der lokalen Suche richtet sich dann nach der Art des Innovationsvorhabens, den zur Verfügung stehenden finanziellen Mitteln und der Bereitschaft des Unternehmens zur Öffnung seines Innovationsprozesses. Handelt es sich um ein neues Produkt einer Produktpalette, eignet sich Crowd Creation auf einer intermediären Ideenplattform mit einer Community und einer Vielzahl von Lead Usern (UnserAller) zur Generierung und Sammlung von Ideen. Wird eine Lösung zu einem technischen Problem gesucht, ist eine Problem-Broadcasting-Plattform wie Innocentive eine mögliche Option. Je höher die räumliche und disziplinäre Distanz zwischen Auftraggeber und Problemlöser, desto höher sind das Innovationspotenzial und die Wahrscheinlichkeit, eine Problemlösung zu finden (vgl. Stern 2010, S. 208f.). Innocentive ermöglicht Unternehmen, mittels der Dienstleistung „Electronic Request for Partner“ einen geeigneten Kooperationspartner für ein spezifisches Innovationsvorhaben innerhalb seines internationalen Netzwerkes zu finden. Über die „Ideation Challenge“ können zudem in kürzester Zeit Lösungen zu ungelösten Problemen mit Hilfe des Kompetenzpools der Plattform gefunden werden. Dabei konnte festgestellt werden, dass die externe Suche nach einer Lösung meist nur wenige Tage im Gegensatz zu Monaten der internen Suche oder Entwicklung beträgt.

Nach der Durchsicht der Literatur und den Ergebnissen von Studienergebnissen wird der Wissensabfluss vermehrt als Hauptrisiko des Open-Innovation-Ansatzes genannt. Insbesondere beim Einsatz von intermediären Plattformen, vor allem im F&E-Bereich, ist die Sorge um den Verlust von sensiblen Informationen, Fachwissen und Firmengeheimnissen groß. Als Lösungsansätze können hier die Methoden der Plattform Innocentive genannt werden. Die Lösung für die Reduzierung oder Eliminierung dieses Risikos schafft Innocentive, indem die Plattform Unternehmen Anonymität verspricht, wenn diese namentlich nicht genannt werden wollen. Einen weiteren Schutz bieten Geheimhaltungsverträge und -klauseln. Beispielsweise müssen registrierte Mitglieder der Innocentive-Plattform einer Geheimhaltungsvereinbarung einwilligen, bevor sie die detaillierte Aufgabenstellung einer „Challenge“ einsehen können. Des Weiteren werden Unternehmen bei der Konkretisierung und Formulierung der Fragestellung, der Abstrahierung der Aufgabenbeschreibung und der Zerlegung der Aufgabe in mögliche Teilaufgaben beraten. Die Zerlegung der Aufgabe in Teilaufgaben ermöglicht es, dass diese für sich sichtbar ins Netz gestellt werden können (vgl. Pelzer/Wenzlaff/Eisfeld-Jeschke 2012, S. 53). Das Risiko des Wissensverlustes kann folglich durch das Zerlegen von Aufgaben in Teilaufgaben oder Subeinheiten vermieden werden (vgl. Leimeister/Zogaj 2013, S. 32). Das Unternehmen setzt die Teilaufgaben oder Subeinheiten im Anschluss wieder intern zusammen. Diese Methode wendet unter anderen die intermediäre Plattform für Freelancer Clickworker im Rahmen des Microworking-Prinzips an.

Der Vorteil von Plattformen wie Intermediären besteht neben der Überwindung des Problems der lokalen Suche in der Reduzierung des Problems der internen Fehlallokation von Ressourcen und Aufgaben (Kapitel 3.4). Durch die Auslagerung interner wertschöpfender Aufgaben durch wettbewerbs- und zusammenarbeitsbasiertes Crowd Creation und Microworking wird zugleich auch der Prozess der Zuweisung der Aufgabe an die richtigen Adressaten ausgelagert. Auf Innocentive suchen sich die Mitglieder und potenziellen Problemlöser Aufgabenstellungen in Abhängigkeit von ihren eigenen Fähigkeiten und Fertigkeiten (bzw. Kompetenzen) selbst aus. Es findet folglich eine automatische Allokation im Zuge der Selbstselektion der einzelnen Mitglieder der Community gemäß ihren Qualifikationen statt (Kapitel 7.2.2). Die meisten Plattformen und ihre Communitys verfügen über eine Eigendynamik bei der Aufgabenallokation und -auswahl. Manche Plattformen, die die Ausprägungen des Crowdsourcings wie das wettbewerbsbasierte Crowd Creation oder das Microworking einsetzen, kombinieren die Steuerungsmechanismen der Vorauswahl, Zugangskontrolle und Selbstselektion. Der Intermediär für Microworking Clickworker verfügt über eine Zugangskontrolle, indem die Teilnehmer anhand von Tests eingestuft werden und somit nur Aufgaben gemäß ihrer Qualifikation ausführen können. Bei UserAller und Innocentive wählen die Mitglieder im Zuge einer Selbsteinschätzung und -selektion ein mögliches Projekt aus und entscheiden, ob sie am Wettbewerb teilnehmen oder nicht. Plattformen wie Threadless beschränken die Teilnahme an Ideenwettbewerben durch einen selektiven Prozess, indem Grafiken gewissen formalen Anforderungen und stilistischen Kriterien entsprechen müssen, damit sie in einem Wettbewerb, als Entwurf oder Produkt auf der Plattform veröffentlicht werden.

9 Ausblick

Viele Unternehmen befassen sich mit der Entscheidung für oder gegen den Einsatz von Open-Innovation und Crowdsourcing. Dabei handelt es sich aus Sicht des Autors eher um eine Ergänzung von Methoden in den verschiedenen Phasen des Prozesses und die richtige strategische Ausführung sowie Kombination verschiedener Ansätze in einer Art Methodenmix, wie im Beispiel von Volkswagen (Kapitel 5.1). Eindeutig ist, dass die Ergänzung des klassischen Innovationsmanagements durch Open Innovation und Crowdsourcing viele Vorteile mit sich bringt. Diesen Vorteilen wurden im Zuge dieses Buches Risiken gegenübergestellt, deren Bedeutung allerdings zum Großteil durch Methoden und Vorgehensweisen der untersuchten Internetplattformen zu Crowdsourcing und Open Innovation abgeschwächt oder relativiert werden konnte. Jedoch scheinen Unternehmen den Nutzen von Communitys und intermediären Diensteistern zu unterschätzen, wie Bretschneider (2013, S. 50) in seinen Forschungsergebnissen herausstellt und Chesbrough/Brunswicker (2013, S. 5; S. 13) in ihren Ergebnisse der Studie des Fraunhofer-Instituts bezeugen.

Für den Autor dieser Veröffentlichung stellt sich die Frage, warum sich das Outsourcing als Grundlage und charakteristisch verwandte Methode des Crowdsourcings in allen Wirtschaftszweigen der Praxis etabliert hat, wenn von der Methode der Auslagerung von Bereichen und Prozessen eines Unternehmen ein so großes Risiko ausgeht. Mittlerweile wird Outsourcing für Bereiche genutzt, die ursprünglich zu den Kernbereichen eines Unternehmen gezählt haben, wie das Finanz- und Rechnungswesen, das Personalwesen, den Vertrieb, die Logistik, die Verwaltung, die technische Entwicklung, Datenbanken und die IT (vgl. Gross/Bordt/Musmacher 2006, S. 23). Obwohl Outsourcing durch ein Vertragsverhältnis gekennzeichnet und den Auftragnehmer zur Geheimhaltung verpflichtet (vgl. Gross/Bordt/Musmacher 2006, S. 28), bleibt auch beim Outsourcing das Restrisiko des Wissensabflusses. Um das Risiko des Wissensabflusses und der Veröffentlichung sensibler Daten und Firmengeheimnisse beim Einsatz von Open Innovation und Crowdsourcing zu verhindern, wurden Methoden und Steuerungsmechanismen in Praxisbeispielen (z.B. Innocentive/Clickworker) beschrieben. Diese sollten Aufschluss über das Risiko des Wissensabflusses geben und Unternehmen, die Open Innovation bisher abgelehnt haben, veranlassen diese Entscheidung zu überdenken.

Der Open-Innovation- und Crowdsourcing-Ansatz verändern die Umgangsweise von Unternehmen und der Gesellschaft mit dem Thema Innovation und folglich den Ablauf von Innovationsprozessen. Crowdsourcing bringt einen Wandel der Arbeitsorganisation von Unternehmen mit sich und kann als moderne Form des internetbasierten Outsourcings bezeichnet werden. Open-Innovation-Ansätze und das Crowdsourcing werden sich nach der Auffassung des Autors kontinuierlich weiterentwickeln und ein fester Bestandteil des Wirtschafts- und Arbeitslebens werden. Unternehmen, die auch in Zukunft keine intermediären Plattformen als Dienstleister in Anspruch nehmen möchten, können mögliche Praktiken und Vorgehensweisen der in dem Buch behandelten Plattformen abstrahieren und in abgewandelter Form in die Organisation und das Geschäftsprinzip ihres Unternehmens übertragen. Unter Berücksichtigung der identifizierten Schwächen und Probleme des Innovationsmanagements können Open Innovation und Crowdsourcing als Erfolgsfaktoren zur Optimierung des Innovationsprozesses bezeichnet und als Maßnahmen zur Reduzierung einzelner Schwächen des Innovationsmanagements empfohlen werden. Obwohl einzelne Methoden partiell in den Innovationsprozess eingebunden werden können, sollte der Einsatz dieser Methoden nicht als Einzelaktivitäten betrachtet werden. Es gilt folglich den potenziellen Einsatz der Methoden und Ausprägungen dieser Ansätze unter Abwägung möglicher Risiken und unter Berücksichtigung der unternehmensspezifischen Situation zu analysieren und im Rahmen einer ganzheitlichen Strategie zu planen und umzusetzen.

Anhang

Anlage 1: Screenshot: Übersicht über Themengebiete der Designwettbewerbe (Threadless 2014).

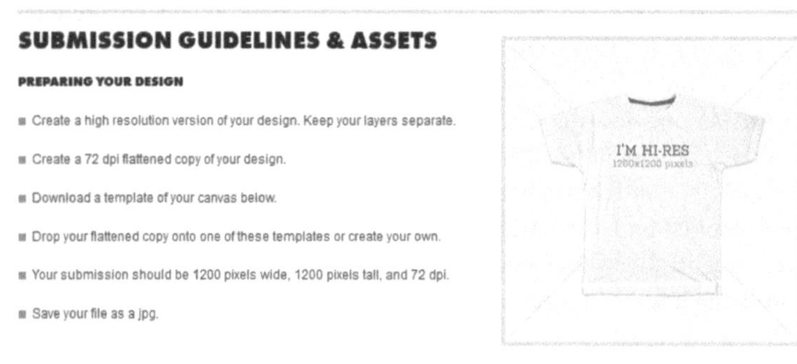

Anlage 2: Screenshot: Submission Kit (Threadless 2014).

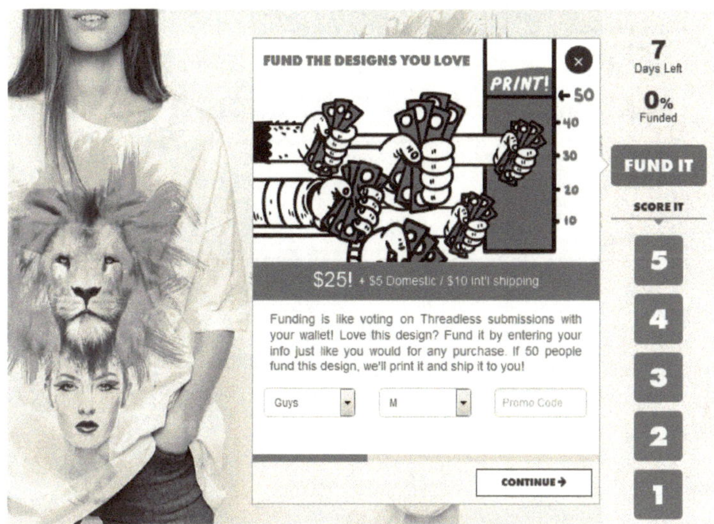

Anlage 3: Screenshot: Fund-it-Button/-Funktion (Threadless 2014).

Anlage 4: Screenshot: Incentives für die Gewinner eines Wettbewerbs (Threadless 2014).

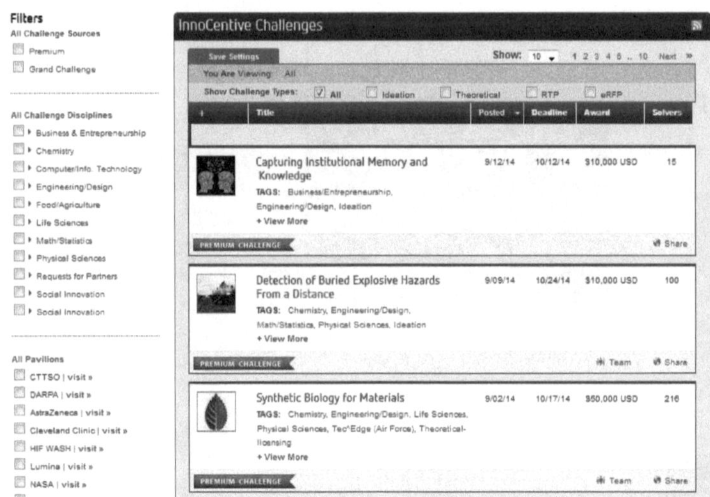

Anlage 5: Screenshot: Challenge Browser (Innocentive 2014).

Schwächen im Innovationsmanagement	Lösung durch OI-/ Crowdsourcing-Methode	Mögliche Risiken der OI-/ Crowdsourcing-Methode	Reduzierung der Risiken	Zuordnung zur Prozessphase	Praxis-beispiel
Defizit bei der Generierung innovativer Ideen und radikaler Innovationen die den zukünftigen Markt- und Kundenbedürfnissen entsprechen	Erhebung der schwer ermittelbaren Bedürfnis- und Lösungsinformation durch die Integration externer Akteure entlang des Prozesses mittels Methodenmix aus wettbewerbsbasiertem Crowd Creation und anschließender Integration von Lead-Usern zur Umsetzung der Ideen in Lead-User-Workshops	- Möglicherweise Abfluss wettbewerbsrelevanten Wissens durch öffentliches zusammenarbeitsbasiertes Crowd Creation - Erhöhte Komplexität	- Geschlossener wettbewerbsbasierter Crowd Creation Ansatz (Nachteil: voraussichtlich weniger geeignete Ergebnisse) - Strategische ganzheitliche Planung des Vorhabens	- Ideengenerierung - Konzept-entwicklung - Produkterstellung	VW (Kap. 5.1.)
Gewünschte Information mit traditionellen Marktforschungsinstrumenten teilweise schwer zu erheben und qualitativ unzureichend	Erhebung der schwer ermittelbaren Bedürfnis- und Lösungsinformationen eines neu zu erschließenden ausländischen Marktes durch Crowd Creation und -voting	Abfluss von wettbewerbs-relevanten Wissen durch öffentliches zusammenarbeits-basiertes Crowd Creation	Geschlossener wettbewerbsbasierter Crowd Creation Ansatz (Nachteil: voraussichtlich weniger geeignete Ergebnisse)	- Ideengenerierung - Konzept-entwicklung	Kärcher (Kap. 5.1)
- Problem der lokalen Suche - Schwächen bei der Ideengenerierung zu radikalen Innovationen	- Überwindung durch die Integration branchenfremder Experten - Übertragung branchenfremder Produktattribute auf Produkte der eigenen Branche	- Möglicherweise Wissensabfluss - Verlust von geistigem Eigentum - Erhöhte Komplexität	Vertraglich geregeltes Kooperationsverhältnis mit Geheimhaltungsvereinbarung	- Ideengenerierung - Konzept-entwicklung	Porsche (Kap. 5.1)
- Problem der lokalen Suche - Problem der Fehlallokation von Ressourcen und Aufgaben -Verzögerung des Prozesses durch iterative Schleifen	- Überwindung durch die internetbasierte Integration von Experten aus unterschiedlichen Branchen und Ländern - Selbstselektion der Mitglieder bei der Auswahl der Aufgaben in Abhängigkeit ihrer Kompetenz (Eigendynamik bei der Ressourcenverteilung)	-Verlust von sensiblen Informationen - Veröffentlichung von Firmengeheimnissen	- Anonymität für Unternehmen - Geheimhaltungsklauseln - Abstrahierung der Aufgaben-beschreibung - Zerlegung der eigentlichen Aufgabe oder Problemstellung in Teilaufgaben	- Ideengenerierung - Konzept-entwicklung	Inno-centive (Kap. 7.1)
- Hohe Flopquote bei Produkten und geringe Marktakzeptanz - Prognoseproblem - Kosten- und zeitintensive Produktentwicklung -Fehlallokation von Aufgaben und Ressourcen -Verzögerung des Prozesses durch iterative Schleifen	- Effiziente Gestaltung des gesamten Produktentwicklungsprozesses durch Crowdsourcing - Reduzierung des Floprisikos mittels Wettbewerbsbasiertem Crowd Creation und Crowdvoting - Bedarfsorientierte Produktion mittels Crowdfunding	- Crowdvoting spiegelt Absatzpotenzial nicht 100%ig wieder - Vollkommene Abhängigkeit von externem Input - Geschäftsprinzips ist abhängig von Leistungen und Ideen der Community	- Einführung von Crowdfunding als Lösung für Absatz-und Prognoseproblem - Plattform und Geschäftsmodell attraktiv und rentabel für Nutzer gestalten	Gesamter Prozess	Threadless (Kap. 7.2.)

Anlage 6: Tabellarische Gegenüberstellung von Schwächen des Innovationsmanagements, Lösung durch Open-Innovation- und Crowdsourcing-Methoden, Risiken der Open-Innovation- und Crowdsourcing-Methode und Reduzierung der Risiken; Eigene Darstellung.

Quellenverzeichnis

I. Literaturquellen

Ahlert, D./Große-Bölting, K./Heinemann, G. (2009): Handelsmanagement in der Textilwirtschaft: Einzelhandel und Wertschöpfungspartnerschaften, 1.Auflage, Deutscher Fachverlag, Frankfurt am Main 2009.

Billing, F. (2003): Koordination in radikalen Innovationsvorhaben, Dissertation, Technische Universität Berlin, Deutscher Universitäts-verlag, 1.Auflage, Springer Gabler, Wiesbaden 2003.

Blohm, I. (2013): Open Innovation Communities: Absorptive Capacity und kollektive Ideenbewertung, Dissertation, Technische Universität München, 1.Auflage, Springer Gabler, Wiesbaden 2013.

Bretschneider, U. (2012): Die Idee-Community zur Integration von Kunden in den Innovationsprozess: Empirische Analysen und Implikationen, Dissertation, Technische Universität München, 1.Auflage, Springer Gabler, Wiesbaden 2012.

Bruhn, M. (2009): Kundenintegration und Relationship Marketing, in: Bruhn, M./Stauss, B. (Hrsg.): Kundenintegration, Forum Dienstleistungsmanagement, 1.Auflage, Gabler, Wiesbaden 2009, S. 111-134.

Bruhn, M./Stauss, B (2009): Kundenintegration im Dienstleistungsmanagement: Eine Einführung, in: Bruhn, M./Stauss, B. (Hrsg.): Kundenintegration, Forum Dienstleistungsmanagement, 1.Auflage, Gabler, Wiesbaden 2009, S.3-34.

Büttgen, M. (2009): Kundenintegration in Innovationsprozesse unter Einsatz von Web 2.0-Anwendungen, in: Gelbrich, K./Souren, R. (Hrsg.): Kundenintegration und Kundenbindung: Wie Unternehmen von Kunden profitieren, 1.Auflage, Gabler, Wiesbaden 2009.

Chesbrough, H.W. (2003): The New Imperative for Creating and Profiting from Technology, Harvard Business Review Press, Boston 2003.

Chesbrough, H.W. (2006a): Open Innovation: A New Paradigm for Understanding Industrial Innovation in Chesbrough, H.W./Vanhaverbeke, W./West, J. (Hrsg.): Open Innovation: Researching a New Paradigm, Oxford University Press, Oxford 2006, S. 1-12.

Chesbrough, H.W. (2006b): Open Business Models, How to Thrive in the New Innovation Landscape, Boston 2006.

Clausen, T. (2010): Der „Connect + Develop"-Ansatz bei Wella und P&G, in Ili S. (Hrsg.): Open Innovation umsetzen: Prozesse, Methoden, Systeme, Kultur, 1.Auflage, Symposium, Düsseldorf 2010, S. 177-195.

Cohen, M./Levinthal, D.A. (1990): Absorptive Capacity: A New Perspective on Learning and Innovation, in: Administrative Science Quarterly, Jg. 35, Nr. 1, 1990, S. 128-152.

Cooper, R.G. (2009): How companies are reinventing their idea to launch methodologies in Technology Management, Vol. 52. No. 2, Stage Gate International and Product Development Institute Inc., 2009, S. 47-57.

Corsten, H./Gössinger, R./Schneider, H. (2006): Grundlagen des Innovationsmanagements, 1.Auflage, Vahlen, München 2006.

Diener, K./Piller, F.T. (2010): Methoden und Dienstleister für OI-Implementation, in Ili, S. (Hrsg.): Open Innovation umsetzen: Prozesse, Methoden, Systeme, Kultur, 1.Auflage, Symposium, Düsseldorf 2010, S. 85-114.

Dömötör, R. (2011): Erfolgsfaktoren der Innovativität von kleinen und mittleren Unternehmen, Dissertation, Wirtschaftsuniversität Wien, 1.Auflage, Gabler Springer, Wiesbaden 2011.

Daecke, J. (2009): Nutzung virtueller Welten zur Kundenintegration in die Neuproduktentwicklung: Eine explorative Untersuchung am Beispiel der Automobilindustrie, Dissertation, Universität Bamberg, 1.Auflage, Gabler, Wiesbaden 2009.

Debus, C. (2002): Routine und Innovation: Management langfristigen Wachstums etablierter Unternehmungen, Dissertation Universität Marburg, Mafex, Books on Demand, Marburg 2002.

Diener, K./Piller, F.T. (2010): Methoden und Dienstleister für OI-Implementation, in Ili, S. (Hrsg.): Open Innovation umsetzen: Prozesse, Methoden, Systeme, Kultur, 1.Auflage, Symposium, Düsseldorf 2010, S. 85-114.

Enkel, E. (2009): Chancen und Risiken von Open Innovation, in Zerfaß, A./Möslein, K.M. (Hrsg.): Kommunikation als Erfolgsfaktor im Innovationsmanagement: Strategien im Zeitalter der Open Innovation, 1.Auflage, Gabler, Wiesbaden 2009, S. 177-194.

Enkel, E./Gassmann, O./Chesbrough, H.W. (2009): Open R&D and Open Innovation: Exploring the phenomenon, in: R&D-Management, Volume 39, Issue 4, S. 311-316.

Erler, H./Wilhelmer, D. (2010): Swarovski: Mit Netzwerken Innovationsprozesse steuern, in Ili, S. (Hrsg.): Open Innovation umsetzen: Prozesse, Methoden, Systeme, Kultur, 1.Auflage, Symposium, Düsseldorf 2010, S. 225-269.

Ertl, M. (2010): Strategiebildung für die Umsetzung von Open Innovation, in Ili, S. (Hrsg.): Open Innovation umsetzen: Prozesse, Methoden, Systeme, Kultur, 1.Auflage, Symposium, Düsseldorf 2010, S. 61-81.

Faber, M.J. (2008): Open Innovation: Ansätze, Strategien und Geschäftsmodelle, 1.Auflage, Gabler, Wiesbaden 2008.

Franke, N./Piller, F. (2004): Value Creation by Toolkits for User Innovation and Design: The Case of Watch Market, in Journal of Product Innovation Management, Vol. 21, No. 6, S. 401-415.

Füller, J./Pirker, C./Lenz, A. (2013): Hyve: Entwicklung von Plattformen für erfolgreiches Crowdsourcing, in Gassmann, O. (Hrsg.): Crowdsourcing: Innovationsmanagement mit Schwarmintelligenz, Interaktiv Ideen finden, Kollektives Wissen effektiv nutzen, Mit Fallbeispielen und Checklisten, 2. Auflage, Hanser, München 2013, S. 119-134.

Gassmann, O. (2013): Crowdsourcing: Innovationsmanagement mit Schwarmintelligenz, Interaktiv Ideen finden, Kollektives Wissen effektiv nutzen, Mit Fallbeispielen und Checklisten, 2. Auflage, Hanser, München 2013.

Gelbrich, K./Souren, R. (Hrsg.) (2009): Kundenintegration und Kundenbindung: Wie Unternehmen von ihren Kunden profitieren, 1. Auflage, Gabler, Wiesbaden 2009.

Geise F. A. (2012): Neuproduktentwicklung im Social Media Marketing durch Crowdsourcing, 1. Auflage, Shaker Verlag, Aachen 2012.

Geiger, D./Seedorf, S./Schulze, T./Nickerson, R./Schader, M. (2011): Managing the Crowd: Towards a Taxonomy of Crowdsourcing Processes, In: Proceedings of the Seventeenth Americas Conference on Information Systems.

Gross, J./Bordt, J./Musmacher, M. (2006): Business Process Outsourcing: Grundlagen, Methoden, Erfahrungen, 1. Auflage, Gabler, Wiesbaden 2006.

Herrmann, A./Huber, F. (2013): Produktmanagement: Grundlagen, Methoden, Beispiele, 3. Auflage, Springer Gabler, Wiesbaden 2013.

Hauschildt, J./Salomo, S. (2011): Innovationsmanagement, 5. Auflage, 1.Auflage, Vahlen, München 2011.

Heesen, M. (2009): Innovationsportfoliomanagement: Bewertung von Innovationsprojekten in kleinen und mittelgroßen Unternehmen der Automobilzuliefererindustrie, Dissertation, Universität Campus Duisburg-Essen, 1. Auflage, Gabler, Wiesbaden 2009.

Heismann, R. (2010): Die Erweiterung des Innovationsprozesses bei Porsche, in Ili, S. (Hrsg.): Open Innovation umsetzen: Prozesse, Methoden, Systeme, Kultur, 1. Auflage, Symposium, Düsseldorf 2010, S. 115-146.

Heismann, R./Maul, L. (2012): Mit systematischen Innovationsmanagement zum Erfolg, in Ili, S. (Hrsg.): Innovation Excellence, 1. Auflage, Symposium, Düsseldorf 2012, S. 39-60.

Helfrich, M. (2009): Community Generated Innovation: Vernetzung von Verbrauchern und Kreativen auf der Ideen-Community Tchibo ideas, in Zerfaß, A./Möslein, K.M. (Hrsg.): Kommunikation als Erfolgsfaktor im Innovationsmanagement: Strategien im Zeitalter der Open Innovation, 1. Auflage, Gabler, München 2009, S.367-378.

Herstatt, C./Buse, S./Napp, J.J. (2007): Kooperationen in den frühen Phasen des Innovationsprozesses: Potenziale für kleine und mittlere Unternehmen, Regionale Innovationsstrategien (RIS), Technische Universität Hamburg-Harburg 2007.

Herstatt, C./Verworn, B. (2007): Management der frühen Innovationsphasen: Grundlagen, Methoden, Neue Ansätze, 2. Auflage, Gabler, Wiesbaden 2007.

Herstatt, C./Kalogerakis, K./Schulthess, M. (2014): Innovation durch Wissenstransfer: Mit Analogien schneller und kreativer Wissen entwickeln, 1.Auflage, Springer Gabler, Wiesbaden 2014.

Herzog, P. (2011): Open and Closed Innovation: Different Cultures for Different Strategies, Spinger Gabler, 2.Auflage, Wiesbaden 2011.

Hüner, A.K. (2013): Der Wissenstransfer in User-Innovationsprozessen: Empirische Studien in der Medizintechnik, 1.Auflage, Springer Gabler, Wiesbaden 2013.

Ihlenburg, D. (2012): Interaktionsplattform und Kundenintegration in Industriegütermärkten: Akzeptanzfaktoren, Wettbewerbsvorteile und Kundennutzen am Beispiel des Maschinen- und Anlagenbaus, Gabler, 1. Auflage, München 2012.

Ili, S. (2010): Grundlagen und Theorien zum Innovationsbegriff, in Ili, S. (Hrsg.): Open Innovation umsetzen: Prozesse, Methoden, Systeme, Kultur, 1.Auflage, Symposium, Düsseldorf 2010, S. 21-42

Ili, S. (2010b): Ausblick, in Ili, S. (Hrsg.): Open Innovation umsetzen: Prozesse, Methoden, Systeme, Kultur, 1.Auflage, Symposium, Düsseldorf 2010, S. 409-416.

Ili, S./Albers, A. (2010): Chancen und Risiken von Open Innovation, in Ili, S. (Hrsg.): Open Innovation umsetzen: Prozesse, Methoden, Systeme, Kultur, 1.Auflage, Symposium, Düsseldorf 2010, S. 43-60.

Jahnke, I./Prilla, M. (2008): Crowdsourcing: ein neues Geschäftsmodell, in: Back, A./Gornau, N./Tochtermann, K. (Hrsg.): Web 2.0 in der Unternehmenspraxis: Grundlagen, Fallstudien und Trends zum Einsatz von Social Software, 1.Auflage, Oldenbourg Verlag, München 2008, S. 132-141.

Kohler, J. (2008): Wissenstransfer bei hoher Produkt- und Prozesskomplexität: Pilotierung, Rollout und Migration neuer Methoden am Beispiel der Automobilindustrie, 1.Auflage, Gabler, Dissertation Universität Hohenheim, Hohenheim 2007.

Kurzmann, H./Reinecke, S. (2009): Kundenintegration zwischen Kooperation und Delegation: Konzepte und Relevanz aus Managementsicht, in Bruhn, M./Stauss, B. (Hrsg.): Kundenintegration, 1. Auflage, Gabler, Wiesbaden 2009, S. 193-212.

Leimeister, J.M. (2012): Crowdsourcing: Crowdfunding, Crowdvoting, Crowd Creation in Zeitschrift für Controlling und Management (ZFCM), Ausgabe, 56, 2012. S. 388-392.

Lockhorn, I. (2009): Open Innovation: Interaktive Wertschöpfung als Chance in der Bekleidungsindustrie, Diplomarbeit, Hochschule Niederrhein, Mönchengladbach 2009.

Majid, D. (2010): Mit Innovationskultur in die Champions League: Beispiel 3M, in Ili, S. (Hrsg.): Open Innovation umsetzen: Prozesse, Methoden, Systeme, Kultur, 1.Auflage, Symposium, Düsseldorf 2010, S. 339-357.

Müller, J. (2010): Öffnung des Innovationsprozesses: Erfahrungen bei Volkswagen, in Ili, S. (Hrsg.): Open Innovation umsetzen: Prozesse, Methoden, Systeme, Kultur, 1.Auflage, Symposium, Düsseldorf 2010, S. 147-175.

Möslein, K.M. (2009): Innovation als Treiber des Unternehmenserfolges: Herausforderungen im Zeitalter der Open Innovation, in Zerfaß, A./Möslein, K.M. (Hrsg.): Kommunikation als Erfolgsfaktor im Innovationsmanagement,: Strategien im Zeitalter der Open Innovation, 1. Auflage, Gabler, München 2009, S. 3-22.

Möslein K.M./Neyer, A.K. (2009): Open Innovation: Grundlagen Herausforderungen, Spannungsfelder in Zerfaß, A./Möslein, K.M. (Hrsg.): Kommunikation als Erfolgsfaktor im Innovationsmanagement: Strategien im Zeitalter der Open Innovation, 1. Auflage, Gabler, München 2009, S.85-104.

Nestle, V. (2011): Open Innovation im Cluster: Eine Wirkungsanalyse zu Clusterinitiativen in forschungsintensiven Industrien, 1. Auflage, Gabler, Wiesbaden 2011.

Pelzer, C./Wenzlaff, K./Eisfeld-Jeschke, J. (2012): Crowdsourcing-Report 2012: Neue digitale Arbeitswelt, epubli GmbH, Berlin 2012.

Pirker, C./Füller, J./Rieger M./Lenz, A. 2010): Crowdsourcing im Unternehmensumfeld, in Ili, S. (Hrsg.): Open Innovation umsetzen: Prozesse, Methoden, Systeme, Kultur, 1.Auflage, Symposium, Düsseldorf 2010, S. 315-336.

Picot, A./Doeblin, S. (2009): Innovationsführerschaft durch Open Innovation: Chancen für die Telekommunikations-, IT- und Medienbranche, 1.Auflage, Springer, München 2009.

Pikkemaat, B./Weiermair, K. (2009): Dienstleistungsinnovationen durch neue Formen der Kundenintegration bei touristischen Dienstleistungen, in Bruhn, M./Stauss, B. (Hrsg.): Kundenintegration, 1. Auflage, Gabler, Wiesbaden 2009, S. 157-177.

Poetz, M.K./Leimüller, G. (2014): Wissen aus analogen Märkten für Innovationen nutzen: Gründe und Vorgehensweisen, in Herstatt, C./Kalogerakis, K./Schulthess, M. (Hrsg.): Innovation durch Wissenstransfer, Mit Analogien schneller und kreativer Wissen entwickeln, 1.Auflage, Springer Gabler, Wiesbaden 2014, S. 40-59.

Prandl, S. (2014): Open Innovation in B2B-Unternehmen: Ein Vergleich zwischen Investitions- und Konsumgüterbranche mit Praxisbeispielen von Siemens, Telefónica Germany, Krones, Maschinenfabrik Reinhausen und Strama-MPS und Hyve, Diplomica Verlag, Hamburg 2014.

Reckenfelderbäumer, M. (2009): Die Gestaltung der Kundenintegration als Kernelement hybrider Wettbewerbsstrategien im Dienstleistungsbereich, in Bruhn, M./Stauss, B. (Hrsg.): Kundenintegration, Gabler, Wiesbaden 2009, S. 213-234.

Reichwald, R./Piller, F. (2006): Interaktive Wertschöpfung: Open Innovation, Individualisierung und neue Formen der Arbeitsteilung, 1. Auflage, Gabler, Wiesbaden 2006.

Reichwald, R./Meyer, A./Engelmann, M./Walcher, D. (2007): Der Kunde als Innovationspartner: Konsumenten integrieren, Flop-Raten reduzieren, Angebote verbessern, 1.Auflage, Gabler, Wiesbaden 2007.

Reichwald, R./Piller, F. (2009a): Interaktive Wertschöpfung: Open Innovation, Individualisierung und neue Formen der Arbeitsteilung, 2. Auflage, Gabler, Wiesbaden 2009.

Reichwald, R./Piller, F. (2009b): Interaktive Wertschöpfung und Open Innovation, Technische Universität München und RWTH Aachen, in Picot, A./Doeblin, S. (Hrsg.): Innovationsführerschaft durch Open Innovation, Chancen für die Telekommunikations-, IT- und Medienindustrie, 1.Auflage, Springer, München 2009, S. 178-202.

Sabisch, H./Tintelnot, C. (1997): Integriertes Benchmarking für Produkte und Produktentwicklungsprozesse, Springer, Berlin-Heidelberg 1997.

Sloane, P. (2011): A Guide to Open Innovation and Crowdsourcing: Advice from leading experts, Kogan Page, London 2011.

Soll, J.H. (2006): Ideengenerierung mit Konsumenten im Internet, Deutscher Universitäts-Verlag, Wiesbaden 2006.

Stahr, G.R.K. (2012): Der Weg zur Weltinnovation: Unternehmen erfolgreich und zukunftsorientiert erneuern, eine praktische Anleitung, 1.Auflage, Springer Gabler, Wiesbaden 2012.

Stern, A. (2010): Technology Orchestration, in Ili, S. (Hrsg.): Open Innovation umsetzen: Prozesse, Methoden, Systeme, Kultur, Symposium, 1.Auflage, Düsseldorf 2010, S. 199-223.

Stern, T./Jaberg, H. (2010): Erfolgreiches Innovationsmanagement: Erfolgsfaktoren, Grundmuster, Fallbeispiele, 4.Auflage, Springer Gabler, Wiesbaden 2010.

Thom, N. (1992): Innovationsmanagement, die Orientierung, Nr. 100, Schweizerische Volksbank, Bern 1992.

Tranfield, D./Young, M./Partington, D./Bessant, J./Sapsed, J. (2002): Knowledge Management: Routines for Innovation projects, developing a hierarchical process model, in: International Journal of Innovation Management Vol. 7, No. 1, S. 27-49.

Trantow, S./Hees, F./Jeschke, S. (2011): Die Fähigkeit zur Innovation: Einleitung in den Sammelband, in Jeschke, S./Isenhardt, I./Hees, F./Trantow, S. (Hrsg.): Enabling Innovation: Innovationsfähigkeit, deutsche und internationale Perspektiven, 1.Auflage, Springer, Berlin-Heidelberg 2011.

Vanhaverbeke, W. (2009): Business Models in Open Innovation and Commercialization: Dynamic research approach, in Picot A./Doeblin S. (Hrsg.): Innovationsführerschaft durch Open Innovation: Chancen für die Telekommunikations-, IT- und Medienindustrie, 1.Auflage, Springer, Berlin-Heidelberg 2009, S.147-154.

Vahs, D./Burmester, R. (1999): Innovationsmanagement, Schäffer-Poeschel, Stuttgart 1999.

Verworn, B./Herstatt, C. (2000): Modelle des Innovationsprozesses, Arbeitspapier Nr. 6, Technische Universität Hamburg-Harburg 2000.

Verworn, B./Herstatt, C. (2005): Die Hebelwirkung der frühen Innovationsphasen: Über den Erfolg neuer Produkte wird häufig früher im Innovationsprozess entschieden als vermutet, Management Magazin, Technische Universität Hamburg-Harburg, S. 17-19.

Vesshoff, J. (2010): Kundenintegration im Innovationsprozess: Eine kompetenztheoretische Analyse am Beispiel der Automobilindustrie, Verlag Dr. Kovač, Hamburg 2010.

Vollmann, S./Lindemann, T./Hubert, F. (2012): Open Innovation: Eine Analyse zur Identifikation innovationsbereiter Kunden, 1. Auflage, Eul Verlag, Köln 2012.

Von Hippel, E. (2005): Democratizing Innovation, MIT Press, London, 2005.

Walcher, D. (2007): Der Ideenwettbewerb als Methode der aktiven Kundenintegration: Theorie, empirische Analyse und Implikationen für den Innovationsprozess, 1.Auflage, Deutscher Universitätsverlag, Dissertation, Technische Universität München 2006.

Zerfaß, A./Möslein, K.M. (2009): Kommunikation als Erfolgsfaktor im Innovationsmanagement: Strategien im Zeitalter der Open Innovation, 1. Auflage, Gabler, Wiesbaden 2009.

II. Internetquellen

Aspers, P. (2006): Märkte in der globalen Modeindustrie, MPIfG Discussion Paper 05/10, Max-Planck-Institut für Gesellschaftsforschung, Köln 2006, http://www.mpifg.de/pu/ueber_mpifg/mpifg_jb/JB0708/MPIfG_07-08_10_Aspers.pdf, Zugriff: 22.10.2014.

Bilgram, V./Jawecki, G. (2011): Erfolgsmessung von Open Innovation Projekten: Über Kennzahlen in Forschung und Praxis, Controller Magazin, https://www.hyve.de/cms/upload/f_2647_Bilgram_Jawecki%20%28Erfolgsmessung%20von%20Open%20Innovation%20Projekten%202011%29%20docx.pdf, Zugriff: 02.07.2014.

BMW Group Creation-Lab (2014): https://www.bmwgroup-cocreationlab.com/about, Zugriff: 02.07.2014.

Bretschneider, U./Leimeister, J.M./Krcmar, H. (2009): Methoden der Kundenintegration in den Innovationsprozess: Eine Bestandsaufnahme, Arbeitspaper Nr. 34, Technische Universität München, München 2009. http://www.winfobase.de/lehrstuhl/publikat.nsf/c56a0adbe-feb629c12576af002bb529/016d2abc30d795bcc1257610003a00f2/$FILE/ArbeitspapierNr.34.pdf, Zugriff: 07.09.2014.

CBR Fashion Group Case Study (2014): Mode braucht schnelle Prozesse: CBR Fashion Group setzt auf Modellierungswerkzeuge der MID, http://www.mid.de/fileadmin/mid/PDF/Anwenderberichte/MID_Case_Study_CBR_screen.pdf, Zugriff: 15.10.2014.

Chesbrough, H./Brunswicker, S. (2013): Managing Open Innovation in Large Firms: Survey Report, Executive Survey on Open Innovation, Fraunhofer-Institut, http://www.iao.fraunhofer.de/images/iao-news/studie_managing_open-innovation.pdf, Zugriff: 10.10.2014.

Chip (2014): Google-Zahlen in Echtzeit: Suche, Youtube, Google+, http://www.chip.de/news/Google-Zahlen-in-Echtzeit-Suche-YouTube-Google_71119692.html, Zugriff: 08.11.2014.

Clickworker (2014): So funktioniert's: Einsatzmöglichkeiten, http://www.clickworker.com/de/das-clickworker-prinzip/#funktioniert, Zugriff: 16.09.2014.

Davis, J. (2013): How Open Innovation is solving some of NASA's trickiest problems, Wharton University of Pennsylvania, http://knowledge.wharton.upenn.edu/article/how-open-innovation-is-solving-some-of-nasas-trickiest-problems/ Zugriff: 29.07.2014.

Dell (2014): http://www.ideastorm.com/, Zugriff: 02.07.2014.

Erhardt, D. (2013): Horváth & Partners Benchmarking-Studie, FuE-Controlling, Erfolgreiche Steuerung der Produktentwicklung, http://www.controllingportal.de/Fachinfo/Studien/Benchmarking-Studie-FuE-Controlling---Erfolgreiche-Steuerung-der-Produktentwicklung.html, Zugriff: 09.10.2014.

Handelszeitung (2008): Woran Innovation am häufigsten scheitert, http://www.handelszeitung.ch/unternehmen/woran-innovationen-am-haeufigsten-scheitern, Zugriff: 03.07.2014.

Howe, J. (2006): The rise of crowdsourcing, Wired Magazine, Ausgabe 14.06.2006, http://archive.wired.com/wired/archive/14.06/crowds.html, Zugriff: 24.08.2014.

Howe online: www.crowdsourcing.com, Zugriff: 24.08.2014.

IW, Institut der deutschen Wirtschaft Consult GmbH/BITKOM (2011): Wirtschaft digitalisiert: Wieviel Internet steckt in den Geschäftsmodellen deutscher Unternehmen?, http://www.faktorgoogle.de/images/pdf/30112011_BITKOM_Studie.pdf, Zugriff: 05.10.2014.

Innocentive (2014): Frequently asked questions, https://www.innocentive.com/faq/Seeker#25n1239, Zugriff: 11.09.2014.

Innosabi (2014): Crowdsourcing case study: Japanische Konsumenten konzipieren gemeinschaftlich eine neue Generation von Kärcher Hochdruckreinigern, http://innosabi.com/wp-content/uploads/2015/01/150112_Crowdsourcing_Case_Study_Kaercher1.pdf, Zugriff: 05.08.2014.

Münchener Kreis/EICT/Telekom/TNS Infratest/Siemens/Vodafone/SAP/O2/ZDF (2010): Offen für die Zukunft, Offen in die Zukunft: Kompetenz, Sicherheit und neue Geschäftsfelder, IT Gipfel, Dresden 2010, http://www.tns-infratest.com/presse/pdf/Presse/Offen_fuer_die_Zukunft_Offen_in_die_Zukunft.pdf, Zugriff: 08.08.2014.

Lakhani, K.R. (2008): InnoCentive.com, Harvard Business School, http://www.innocentive.com/files/node/casestudy/case-study-harvard-business-school-study-innocentive.pdf, Zugriff: 01.08.2014.

Leimeister J.M./Zogaj, S. (2013): Neue Arbeitsorganisation durch Crowdsourcing, Arbeitspapier Nr. 287, eine Literaturstudie, Hans-Böckler Stiftung, Düsseldorf 2013, http://www.boeckler.de/pdf/p_arbp_287.pdf, Zugriff: 13.09.2014.

Litvski, A. (2014): Die Geschichte des Crowdsourcing und die Sache mit der Definition. http://ini20.de/2014/01/die-geschichte-des-crowdsourcing-und-die-sache-mit-der-definition/, Zugriff: 10.10.2014.

Ogawa, S./Piller, F.T. (2006): Reducing the Risks of New Product Development, MIT Sloan Management Magazine, http://sloanreview.mit.edu/article/reducing-the-risks-of-new-product-development/, Zugriff: 26.08.2014.

Pletz, J. (2013): Threadless lays off 27% of staff, shifts strategy, http://www.chicagobusiness.com/article/20140112/BLOGS11/140119968/threadless-lays-off-27-of-staff-shifts-strategy, Zugriff: 20.10.2014.

Piller, F.T. (2010): Open Innovation with customers: Crowdsourcing and Co-Creation at Threadless, http://papers.ssrn.com/sol3/papers.cfm?abstract_id=1688018, Zugriff: 05.11.2014.

PwC, Innovation (2013): Deutsche Wege zum Erfolg, http://www.pwc.de/de/consulting/innovationsfaehigkeit-entscheidet-ueber-unternehmenserfolg.jhtml, Zugriff: 03.07.2014.

Schroll, A./Römer, S. (2011): Open Innovation heute: Instrumente und Erfolgsfaktoren, Ausgabe 1/2011, erschienen in Information Management und Consulting (IM), S. 53-

63, http://www.horvath-partners.com/fileadmin/horvath-partners.com/assets/05_Publikationen/PDFs/deutsch/E_IM_1-2011_Open_Innovation_Schroll-Roemer.pdf, Zugriff: 25.09.2014.

Statista (2014): Anzahl der Smartphone-Nutzer in Deutschland in den Jahren 2009 bis 2014 (in Millionen), http://de.statista.com/statistik/daten/studie/198959/umfrage/anzahl-der-smartphonenutzer-in-deutschland-seit-2010/, Zugriff: 20.10.2014.

Sommer, S. (2010): Crowdsourcer Threadless' Life Beyond T-shirts, Bloomberg Businessweek, http://www.businessweek.com/magazine/content/10_39/b4196024715129.htm, Zugriff: 28.08.2014.

Tchibo-ideas (2013a): Dein Design für Tchibo: Informationen und Kooperationsbedingungen, http://www.tchibo-ideas.de/fileadmin/default/pdf/dein-design.pdf, Zugriff: 08.10.2014.

Tchibo-ideas (2013b): Fünf Jahre Tchibo ideas in Zahlen, http://www.tchibo-ideas.de/tchibo-ideas-news/detail/news/48-ab-sofort-mehr-platz-fuer-euch/, Zugriff: 20.10.2014.

Threadless (2014a): Community Guidelines and Terms of Use, https://www.threadless.com/info/terms, Zugriff: 26.08.2014.

Threadless (2014b): Design Challenge submission legal terms and conditions, https://www.threadless.com/threadless/legal/, Zugriff: 28.08.2014.

Threadless (2014c): Do I keep the rights to my artwork?, http://support.threadless.com/link/portal/15110/15140/Article/19/Do-I-keep-the-rights-to-my-artwork, Zugriff: 28.08.2014.

Toyota online: Toyota manufacturing innovation challenge, http://www.toyota-indus.com/concern-beyond-cars/toyota-manufacturing-innovation-challenge-2013-14/, Zugriff: 18.09.2014.

Uehleke, J. (2006): Tausche Geld gegen Geist, Die Zeit, http://www.zeit.de/zeit-wissen/2007/01/Innocentive, Zugriff: 06.08.2014.

Volkswagen online: The People's Car Project, http://www.vw.com.cn/en/VwCulture/zaoche.html, Zugriff: 26.05.2014.

Volkswagen (2012): Chinesen zeigen Konzepte für Volkswagen der Zukunft, http://www.volkswagenag.com/content/vwcorp/info_center/de/news/2012/05/car_project.html, Zugriff: 26.05.2014.

Von Hippel, E.A. (1978): Successful industrial products from customer ideas: Presentation of a new customer active paradigm with evidences and implications, Journal of Marketing, No. 1, S. 39-49. http://evhippel.files.wordpress.com/2013/08/cap-map-1978-jour-of-mktg-evh.pdf, Zugriff: 20.08.2014.

Wamser, C./Deimel, K./Heinrich, K. (2008): Studie über Werttreiber in Unternehmen, MBA-Forschungszentrum der FH Bonn-Rhein-Sieg, 2008, http://files.vogel.de/vogelonline/vogelonline/files/1024.pdf, Zugriff: 03.07.2014.

Wolfensberger, K. (2014): 3 Milliarden Internetnutzer auf der Welt, http://www.netzwoche.ch/News/2014/05/06/3-Milliarden-Internet-Nutzer-auf-der-Welt.aspx, Zugriff: 07.08.2014.

99Designs (2014a): terms-of-use, http://99designs.de/legal/terms-of-use, Zugriff: 28.10.2014.

III. Videos aus dem Internet

Chicago Tribune (2014): How threadless turns t-shirts and technology in works of art, Interview mit Jake Nickell, Blue Sky Innovation, Chicago Tribute, http://www.chicagotribune.com/bluesky/video/chi-jake-nickell-threadless-video-20140429-premiumvideo.html, Zugriff: 29.08.2014.

Threadless (2014d): Threadless Funding Fundamentals, https://www.threadless.com/win20k/, Zugriff: 29.08.2014.

Threadless (2014e): Threadless Tutorial: setting up a document, http://www.youtube.com/watch?v=RN8nRg2PmlM, Zugriff: 01.09.2014.

99Designs online: Wie funktioniert es? http://99designs.de/?utm_medium=cpc&utm_source=google&utm_campaign=99designs+Branded+-+German&utm_content=99designs+-+Exact&utm_creative=28576808597&utm_target=&utm_term=99designs%20de&utm_placement=&noredirect=1&mkwid=se5tgR-cuq_dc&pcrid=28576808597&pkw=99designs%20de&pmt=b&gclid=CKuj__X_5cACFYESwwodJXYAsA, Zugriff: 16.09.2014.

Zeitfracht Medien GmbH
Ferdinand-Jühlke-Straße 7
99095 Erfurt, Deutschland
produktsicherheit@kolibri360.de